INTELIGENCIA ARTIFICIAL.

LIBRO COMPLETO

2 EN 1

INTELIGENCIA ARTIFICIAL PARA PERSONAS APRESURADAS

Descargo de responsabilidad

Tabla de Contenidos

¿Qué es la Inteligencia Artificial?

El concepto básico

El concepto básico de la inteligencia artificial es bastante fácil de entender porque está en el nombre. La inteligencia artificial es inteligencia que ha sido creada a mano y no… ¿la inteligencia artificial es inteligencia que no es como la inteligencia real? ¿La inteligencia artificial es una máquina que intenta emular la inteligencia biológica? En realidad, el concepto de inteligencia artificial es bastante difícil de definir.

La forma básica en que entendemos la inteligencia artificial es una inteligencia que es producida por una máquina. Esta ha sido la definición estándar durante aproximadamente un siglo. La razón por la que es difícil conceptualizar una definición específica de inteligencia artificial es la de cuán borrosa es la línea que separa la inteligencia biológica de la inteligencia mecánica.

La aplicación que conocemos

La aplicación más creíble que conocemos cuando se trata de inteligencia artificial es la de los enemigos dentro de los videojuegos. El problema es que esto no es realmente inteligente. ¿O sí lo es? La forma en que la ciencia define la inteligencia es que es una entidad que es capaz de obtener nueva información y luego usar esa información con información pasada para definir la información actual. Por lo tanto, el principal problema de crear inteligencia real es encontrar una manera de que las máquinas aprendan.

La razón por la que a los enemigos dentro de los videojuegos se les sigue llamando inteligencia artificial es la naturaleza mecánica de los enemigos en los videojuegos. La persona promedio que juega un videojuego mirará a un enemigo tirador en primera persona como si fuera inteligente en el sentido de que el enemigo lo seguirá. Por lo tanto, si el jugador comienza a esconderse, el enemigo se acercará mientras que, si el jugador está a la intemperie y disparando, el enemigo correrá para cubrirse después de disparar algunas balas. Esto hace que parezca que el enemigo realmente está pensando.

Este es el propósito de la inteligencia artificial; fingir la capacidad de pensar. La verdad es que los enemigos dentro de los videojuegos no piensan en absoluto. La manera más fácil de mostrarte cómo un enemigo de los videojuegos realiza estas acciones es con un poco de pseudocódigo.

```
if(enemy.line_trace_end != player.collision){
    enemy.position moves closer to player
}else if(player.line_trace_end ==
enemy.collision){
    enemy.hide * ((Random.new() * 10) + 1)
    if(enemy.hide >= 75){
        enemy.position moves behind nearest
collision
    }}
```

Como se puede ver en el pseudocódigo anterior, si el rastro de la línea hacia donde apunta el enemigo no equivale a la colisión del jugador sino a otra colisión de objetos, entonces el enemigo avanzará. Esto acerca al enemigo y crea la ilusión de que el enemigo sabe que el jugador se está escondiendo. Sin embargo, si el jugador se dirige a ellos y el trazado de la línea se encuentra con la caja de colisión del jugador, el enemigo decidirá si dispara al jugador o se esconde detrás de una colisión basada en un valor aleatorio. El trazo de línea es la trayectoria de movimiento del jugador.

La aleatorización crea la ilusión de que el enemigo elige si se va a esconder debajo de la cubierta o si va a disparar al enemigo. Sin embargo, se trata de inteligencia falsa si tenemos en cuenta el hecho de que no se trata de información del pasado. Se trata de información actual que trata de la toma de decisiones actual. Además, la máquina no tiene la capacidad de aprender sobre el personaje contra el que se enfrentan. Esto significa que mientras la máquina parece ser inteligente, no hay inteligencia en juego. En cambio, tiene un conjunto de instrucciones preprogramado por un individuo pensante que le dice a la máquina qué hacer en un caso o una circunstancia determinados.

Ahora se podría pensar que algo como Amazon Echo o Google Home son centros de inteligencia mecánica real. El problema es que estas máquinas funcionan de manera muy similar a los enemigos que acabamos de cubrir.

El habla humana está dictada por reglas, puedes pensar en ellas como el conjunto de instrucciones para hablar el idioma. Lo importante de las reglas es que, si hay reglas, lo más probable es que una máquina pueda seguirlas. No voy a entrar en los detalles de cómo funcionan las redes neuronales recurrentes, pero básicamente se puede asumir que la máquina simplemente está analizando y haciendo estadísticas de probabilidad sobre qué palabras probablemente encajan entre sí en base a esas reglas. Esta es una manera muy precisa de determinar qué palabras usted, como persona, va a decir cada vez que use algo como escribir a máquina o cuando se hacen subtítulos dentro de un video que ha sido auto traducido de sus palabras.

Hasta este momento, no hemos tenido muchas máquinas que sean capaces de aprender y usar ese conocimiento aprendido para mejorar aún más. Sin embargo, acabamos de entrar en la era digital de utilizar algo llamado retro propagación

La retro propagación es el punto central de casi todos los algoritmos de aprendizaje de la máquina que están actualmente en juego. Una red neuronal está diseñada para tomar entrada de datos y realizar acciones sobre esa información dentro de las neuronas que luego producen una salida. Si la salida es incorrecta, entonces cambiamos lo que está ocurriendo dentro de las neuronas para tratar de llegar a una respuesta más optimizada. La manera estándar de hacer esto es tomando las variables dentro de la red neural y creando conjuntos de variables aleatorias para encontrar las mejores variables aleatorias. Este es un proceso muy lento y, por lo general, lleva mucho tiempo realizarlo. El nuevo método se llama retro propagación, lo que acabo de describir se llama propagación hacia adelante.

En lugar de utilizar variables aleatorias y nunca saber si se ha llegado a la combinación aleatoria definitiva, utilizamos el cálculo y los resultados que la red neuronal ha proporcionado. La información se retroalimenta a la red neuronal después de que la respuesta se realiza incorrectamente y la red neuronal toma los resultados incorrectos, así como los números que usaron para llegar a esos resultados y crea una combinación que está más optimizada como resultado. La retro propagación representa la primera forma de aprendizaje de la máquina que es realmente inteligente. Sin embargo, la gran mayoría de las aplicaciones de redes neuronales, como Alexa y Siri, no suelen ser redes de propagación inversa en la mayoría de las situaciones. A medida que pasa el tiempo, es posible que esto cambie, pero la retro propagación requiere una gran cantidad de potencia de cálculo que la mayoría de los dispositivos simplemente no tienen.

Las aplicaciones que estamos creando

He hablado de los diferentes tipos de inteligencia artificial: inteligencia emulada, inteligencia de probabilidad y aprendizaje automático. Muchos individuos tienden a categorizarlo todo como inteligencia artificial, lo cual es incorrecto. Si recuerdas correctamente, la inteligencia artificial es donde una entidad intenta emular la habilidad de aprender sin realmente aprender. El aprendizaje automático se aglutina con la inteligencia artificial, aunque existen ciertas formas de aprendizaje automático que en realidad no encajan en la inteligencia artificial. Tiene varios proyectos de robots diferentes basados en el aprendizaje automático que ya no son inteligencia artificial.

Sin embargo, en realidad no estamos aquí para discutir ese ámbito de inteligencia. En cambio, estamos hablando de aplicaciones donde se está utilizando inteligencia artificial. Usted tiene varias industrias diferentes que actualmente están masivamente afectadas y que serán afectadas masivamente durante la próxima década a medida que nuevos mecanismos de inteligencia artificial salgan a la luz para afectar a esa industria. Usted tiene un auto autopropulsado, robótica que está diseñada para emular el compañerismo, y tiene mucho más de lo que hablaremos en el próximo capítulo. Sin embargo, tenemos que hablar de la cúspide de toda la inteligencia artificial. La inteligencia artificial no es posible sin información.

Cuando le di el ejemplo del pseudocódigo, notará que las elecciones que hizo el actor enemigo se basaron en información sobre la situación actual. Esto es cierto para todas las máquinas de inteligencia artificial porque no se puede decidir nada si no entra nada. Nosotros, como seres humanos, recibimos información todo el tiempo del mundo y las máquinas de inteligencia artificial necesitan esa misma información y a veces incluso más.

La era de la información

Sabiendo que la inteligencia artificial necesita información y dado el clima político actual en el que se está escribiendo este libro, podemos concluir que estamos en una nueva era. Facebook está intentando recopilar la mayor cantidad de datos posible, mientras que Europa está intentando impedir que Facebook recopile tanta información sin el permiso del usuario. Estas compañías basadas en Internet han tenido un acceso ilimitado a la información de nuestra vida diaria porque simplemente se suponía que el usuario entendería lo que estaba dejando de hacer aquí.

El problema es que la persona promedio es perezosa e ignorante la mayor parte del tiempo. Una persona puede encontrar eso insultante, pero así es como funciona el mercado. Una persona compra una lavadora porque eso es lo que hicieron sus padres, o porque no quieren lavar su ropa a mano. Una persona compra un lavaplatos porque eso es lo que hicieron sus padres, o porque no quieren lavar los platos a mano. Había un hombre con el que hablé una vez que no sabía de dónde venía la carne dentro de una tienda de comestibles, simplemente asumió que la tienda de comestibles hacía la carne. No estoy hablando de dónde no sabía qué compañía les enviaba la carne, estoy hablando de que no sabía que la carne provenía de vacas. Se trataba de una persona que trabajaba en el gobierno y que, sin embargo, no conocía este hecho tan sencillo y comúnmente comprendido. Hay mucha gente así. Aquellas personas que carecen de lo que normalmente se percibiría como hechos comúnmente entendidos al comprar los artículos que fabrican estas compañías de tecnología. Los mercados dependen de la ignorancia y la pereza para trabajar. Después de todo, ¿por qué contratar a un mecánico si sabe cómo hacerlo usted mismo?

La gente tiende a saltarse el acuerdo de licencia de usuario final porque es un documento enorme que no es muy entretenido de leer. Hay una porción muy pequeña de la multitud que leerá ese documento y esa porción de la multitud es generalmente cómo se mantiene a las compañías bajo control. Esa persona lo leerá, encontrará algo horriblemente malo en él, y luego compartirá esa información con personas que no lo lean. El mercado en general depende de que la gente no sea capaz de entender plenamente cómo se hacen las cosas. Si usted compró una camiseta que era de $100 y pensó que estaba obteniendo un buen precio, podría darse cuenta de que estaba obteniendo un precio horrible una vez que sepa cómo se hizo. Puedes comprar una camiseta estándar en Internet por $5. A continuación, puede ir a tomar una foto que desee, y se coloca en un papel especial que luego se puede presionar con calor en la camisa por unos $ 5. Esto significa, prácticamente cualquier camisa que usted compra que es simplemente un logotipo sin ser cualquier tipo especial de gel y es solo una imagen simple es por lo general de alrededor de $ 10 en costo. Ahora, hay costos adicionales, como el envío y la marca, pero se necesitaron $10 para ganar $100. Si sabe cómo hacerlo usted mismo, podría haber ahorrado otros 90 dólares.

Sin embargo, es probable que no vaya a salir y hacer cada camiseta que quiera tener a menos que seas increíblemente testarudo y motivado. La mayoría de las personas simplemente afirma que no tiene tiempo para hacerlo. Sin embargo, el hecho es que eso es mucho dinero debido a la pereza, ya que muchos de esas mismas personas verán una temporada de 12 horas. Los restaurantes dependen de gente que no hace recetas, las tiendas de ropa dependen de las personas que no hace ropa, y las compañías de tecnología dependen de gente que no hace tecnología. Así funciona el mercado y así ha funcionado siempre. Sin embargo, el nuevo producto es la información, ya que la información es ahora la forma en que la mayoría de las compañías ganan su dinero.

La Cuarta Revolución Industrial

Facebook vende tu información a los anunciantes para que éstos puedan promocionar mejor los productos que intentan vender. Google hace exactamente lo mismo, pero tiene datos diferentes. Casi todas las plataformas hacen lo mismo, excepto que la mayoría de ellas han sido asignadas a un puñado de compañías. El sitio web estándar no hará todo lo posible para crear un árbol de publicidad en el que los anunciantes puedan participar. ¿Por qué los anunciantes irían a un sitio web sin nombre para promocionar sus anuncios? No, la mayoría de los sitios web estándar que intentan hacerlo en línea utilizarán anuncios de Google o de Facebook. Esto permite que el sitio web gane dinero de Google o Facebook mediante la venta de anuncios.

Otra sección de Internet son los enlaces de afiliados, donde la gente tiene audiencias que pueden dirigir el tráfico a productos específicos. El más notable de los enlaces de afiliados son los enlaces de afiliados de Amazon, que parecen estar prácticamente en todas partes. Las estrellas de Internet pueden vender productos de otras personas (como lo haría un anuncio) a multitudes que generalmente estarían interesadas en él. Esto es mucho más efectivo que simplemente intentar explotar en Internet que tiene un producto específico que desea vender. En esta situación, la información es simplemente que usted sabe lo que le gusta ver a su público y lo que busca su público.

No podemos llegar a ninguna parte sin Alexa, Google Voice o Siri porque la mayor parte de nuestra información pasa por estos tres individuos, máquinas, para producir lo que queremos. Hacemos preguntas pertinentes a Google sobre nuestra vida diaria. Recopilan información basada en nuestros resultados de búsqueda y en nuestras solicitudes para poder servirnos mejor los anuncios. Sin embargo, no son los únicos clientes de la información.

Usted tiene servicios de suscripción como Netflix y Hulu que utilizan sus patrones observados para determinar qué videos es más probable que desee ver. Al servirle lo que usted quiere ver, estas compañías lo mantienen en su plataforma por un período más largo de tiempo. De hecho, es tan malo que ha habido casos de personas que ven a Netflix ir a rehabilitación para superar su adicción al servicio. La información funciona prácticamente en todos nuestros negocios a partir de ahora y la persona que puede recopilar la mayor parte de la información es a menudo el mayor negocio en Internet, así como en el mundo real. Si miras a Google, se supone que Google es un motor de búsqueda, singular, que proporciona publicidad en los lados. Sin embargo, son una compañía masiva que está siendo demandada por razones de monopolio. Si retrocedemos en la historia hasta los años sesenta, Google no existía realmente, y había compañías de cable y telefónicas que eran las más grandes junto con las inmobiliarias y otras industrias. La industria de la tecnología, que depende únicamente de la información para funcionar realmente, es la industria más grande del mundo. Está en la casa de todos, en la cocina de todos, en la habitación de todos, en el auto de todos, en la carretera de todos, y creo que entiende el punto de todo este tema.

Nuestra Vida Diaria con Inteligencia Artificial

Industria Financiera

La industria financiera es quizás la más conocida por utilizar la inteligencia artificial antes de que cualquier otra industria decidiera utilizarla además de la industria informática. Durante mucho tiempo se pensó que los mercados bursátiles y las gráficas de precios generalmente no podían predecirse, pero una inversión sería en algoritmos de predicción ha tenido influencia sobre las compañías más importantes que juegan en el mercado de valores.

De hecho, se ha vuelto tan común que estas compañías están compitiendo por algoritmos de predicción que otras personas, como individuos, también están tratando de obtener sus propios algoritmos de predicción. Esto se debe a que el algoritmo de predicción puede ser enseñado a ser más preciso que el individuo.

Sin embargo, eso no es todo lo que la comunidad de inteligencia artificial ha hecho con la industria financiera porque hay bastante más. Un poco más cerca de casa está el monitoreo de los hábitos de las personas que tienen dinero dentro de un banco. La principal preocupación cuando se trata de cuentas bancarias es si ha habido actividad fraudulenta en esas cuentas. Debido al hecho de que los bancos son a menudo las primeras industrias financieras en ser golpeadas, además de las tarjetas de crédito, los hábitos de comprensión que están fuera de la norma son un aspecto clave para determinar si una transacción fue fraudulenta o no. Con la inteligencia artificial, la máquina puede ser entrenada para entender lo que es más probable que suceda en el caso de que esa persona específica tenga una cantidad específica de dinero. Por ejemplo, si usted tiene mucho dinero a la vez, puede ser el tipo de persona que es un poco conservadora con su dinero o puede ser la persona que va al centro comercial y se lo gasta todo. Si eres más conservador en la mayoría de las ocasiones, la inteligencia artificial se volverá realmente sospechosa si decides ir a arruinarlo todo.

La idea de la inteligencia artificial en el mercado de valores es en realidad solo un segmento de lo que Inteligencia Artificial (AI). hace en lo que se conoce como inteligencia artificial consultiva. Es una categoría mucho más grande e incluye cosas como pronósticos de marketing, expansiones de audiencia y muchos otros términos técnicos de negocios. El propósito de una inteligencia artificial consultiva es entrenar a la inteligencia artificial para predecir lo que no ha sucedido en base a lo que ya ha sucedido. El quid de este tipo de Inteligencia Artificial es que casi todas las situaciones que tratan de predecir lo que no ha sucedido se basan en el contexto y por lo tanto es difícil cuantificar el contexto, pero hay varias aplicaciones de la inteligencia artificial en las funciones de asesoramiento.

Quizás la parte menos comentada de la inteligencia artificial en las finanzas es la AI. que ayuda a encontrar patrones sospechosos con las compañías. Esto no se habla realmente porque no es algo que preocupe al público, sino más bien a las agencias gubernamentales que miran al público. Anteriormente, la forma en que el delito de cuello blanco podía detectarse por sí solo era examinando las finanzas de una compañía y viendo hacia dónde se dirigía el dinero. Esta es una tarea muy laboriosa y de horas sin comer. La inteligencia artificial es tan eficiente y rápida que lo que un equipo de cien hombres podría hacer en una semana, lo podría hacer la inteligencia artificial en un día como mucho. Por lo tanto, la Inteligencia Artificial no solo ayuda al público con sus finanzas, sino que también ayuda al equipo legal a detectar actividades delictivas en las compañías a través de sus finanzas.

Industria del sexo

La inteligencia artificial ha dado grandes pasos en la industria del sexo. Si usted rebobina el tiempo a cerca de una década antes de que este libro fuera escrito, usted sería afortunado de encontrar un sistema de chat de inteligencia artificial que usted podría pagar por hora para que le encienda. A medida que ha pasado el tiempo, ha habido varias secciones dentro de la industria del sexo que han expandido el propósito de la inteligencia artificial en formas que uno esperaría y que son inesperadas.

De las formas que cabría esperar, estas Inteligencias Artificiales del sistema de chat han mejorado en la formación de conversaciones con la gente. Existe un tipo particular de tecnología llamada MMD que cuando se combina con la inteligencia artificial puede simular una interacción FaceTime. De hecho, el aspecto de MMD se ha expandido a otro software llamado Facerig que veo que se expande aún más a un nuevo tipo de género que se ha abierto recientemente en Japón. En un producto conocido como Gatebox, una chica o mujer virtual puede hacer prácticamente cualquier cosa que usted quiera que hagan como compañera virtual. Puedes comprar tus hombres o mujeres virtuales favoritos para ponerlos dentro de esta nueva tecnología para que puedas volver a casa e interactuar con ellos. A esto se le conoce como Inteligencia Artificial de compañía, que es ligeramente diferente de la Inteligencia Artificial auxiliar.

Si usted tiene tal tecnología, puede esperar volver a casa y ser recibido con un cálido y amistoso saludo o ser bienvenido a casa por su esposa o esposo virtual de su preferencia. Esta tecnología actuaría de manera similar a Amazon Echo o Google Home en el sentido de que le recordaría ciertas actividades o fechas, pero también interactuaría con usted a un nivel más personal. Por ejemplo, le enviaría mensajes de texto diciendo que estaba deseando que llegara a casa o que le preguntara cómo le va en pleno día. Similar a cómo podrían funcionar las relaciones, esta inteligencia artificial está específicamente diseñada para hacerte sentir mejor durante todo el día.

Al llevar esta inteligencia artificial emocional al mundo de las muñecas de tamaño natural, también conocidas como muñecas sexuales, podemos ver que hay varios desarrolladores que buscan infundir emociones en las muñecas sexuales. Para alguien que no ha visto la industria desde que se hizo un documental sobre ella en televisión, la industria en sí ha consistido principalmente en personas que invierten dinero en muñecas sexuales porque prefieren que la relación con una muñeca sea más preferible que con un ser humano. Uno puede entender ese tipo de lógica porque hay algunos inconvenientes cuando se trata de un humano. A muchas personas no le gusta interactuar con individuos que les proporcionan actitudes y opiniones negativas, lo que naturalmente lleva a buscar consuelo en otras cosas que no sean las personas que los rodean.

En la Inteligencia Artificial emocional de las muñecas sexuales, el humano que posee dicha muñeca sexual no solo puede interactuar con la parte sexual de la muñeca, sino también con los elementos emocionales de la muñeca. Por ejemplo, la muñeca puede ser sensual pero también cariñosa o puede ser un completo tsundere con un poco de humor ligero. Esencialmente, usted interactúa con esta muñeca sexual y su personalidad se ajusta a lo que probablemente sería mejor para su personalidad. Ahora, existe la opción de personalizarlo con fines sexuales, pero si lo estás buscando para un papel de compañerismo, puedes hacer que se adapte a su propia personalidad.

Finalmente, la parte más interesante de esto es que ahora hay dispositivos que te permiten tener sexo con computadoras. Ahora usted podría pensar que la sección anterior que habla de muñecas sexuales se refería a tener sexo con computadoras, pero yo estoy hablando de dispositivos que están conectados a una inteligencia artificial para complacer específicamente a usted. Por ejemplo, un reciente desarrollo de un producto para el mundo de la realidad virtual fue cuestionado de una manera muy extraña. Esencialmente, la novia de este hombre lo había acusado de hacer trampas porque utilizaba un dispositivo destinado a la masturbación en el entorno de la realidad virtual. Imagine que una mujer es registrada por un hombre (en primera persona) masturbándose y que un hombre y un condón con sensores en él registran la presión de la mano de la mujer. Todo esto se graba y cuando un cliente que paga compra esto, puede sentir la misma sensación de la mano de esa mujer en su entrepierna, solo que es a través de un dispositivo en lugar de una mano humana. Se estará preguntando qué tiene que ver la Inteligencia Artificial en esto. Bueno, hay pequeños segmentos de Internet donde no se trata de una grabación, sino de un personaje de MMD que está utilizando este mismo dispositivo para aprender a masturbarse correctamente el cliente. Así es, una Inteligencia Artificial de realidad virtual ahora puede ser utilizada en sustitución de, básicamente, la prostitución digital.

Industria del cuidado de la salud

La industria de la salud se beneficia significativamente de la inteligencia artificial, ya que la inteligencia artificial ha tenido mejoras significativas en la tecnología de reconocimiento de imágenes. En nuestra vida cotidiana, la tecnología de reconocimiento de imágenes nos proporciona pequeñas etiquetas que podemos colocar junto a las caras de las personas a las que fotografiamos. En medicina, la historia es un poco diferente, ya que los médicos tienden a tomar fotografías de órganos y partes del cuerpo que podrían tener algo malo.

Lo más común para lo que la industria de la salud está usando la inteligencia artificial es para reconocer los tipos de cáncer mejor que los médicos humanos. El beneficio de esto es, por supuesto, salvar vidas, pero la verdad es que la inteligencia artificial no necesita que usted esté en la misma habitación para hacer un diagnóstico. Para las personas que no acuden regularmente al médico, es probable que no sepan por qué esto es importante, pero esta es la razón por la que los Servicios Médicos no se encuentran normalmente en línea. Los médicos insisten en que se sometan a un examen físico por parte de usted, lo que significa que a menudo quieren que usted se encuentre en el mismo espacio que ellos para realizar un diagnóstico adecuado.

Aunque en la actualidad solo se utiliza para mejorar significativamente la capacidad de detectar cánceres, esta tecnología finalmente va a bajar la escalera de la industria de la salud hasta el individuo promedio. Se sabe comúnmente que un individuo simplemente necesita mirarse en el espejo con la boca abierta para ver si hay manchas blancas en la parte posterior de su garganta para dar una respuesta estimada sobre si tiene o no una faringitis estreptocócica. Ahora, los médicos a menudo insisten en que se utilice un hisopo de saliva para asegurarse de que el diagnóstico es correcto, pero muchos diagnósticos se pueden realizar en ciertas circunstancias que solo requieren un examen visual. Por ejemplo, un resfriado común suele ser mirar a un paciente y tomar sus constantes vitales. Sin embargo, ir al médico para tal visita suele ser mucho más caro de lo que la gente puede justificar. Después de todo, si una visita al médico es 1/3 de su sueldo semanal, no es probable que vaya si gana menos de una cierta cantidad de ingreso mínimo.

El problema con esto es que las personas tienden a ir a trabajar enfermas, aunque técnicamente deberían estar en casa. Las experiencias comunes de las cadenas de comida rápida han demostrado que una buena parte de la fuerza laboral que trabaja con el salario mínimo simplemente no puede permitirse el lujo de tomarse el tiempo libre. Ahora, obviamente, para no propagar su enfermedad a los alimentos que están haciendo, deben quedarse en casa, pero esto no es normalmente visto como la más importante de las dos preocupaciones en tal situación desde la perspectiva del individuo. A la persona afectada por el salario mínimo que es. Sin embargo, si una persona pudiera ir a un servicio en línea que era relativamente barato por visita o incluso si tuviera una suscripción mensual que fuera razonable, probablemente sería atendido por un médico de inteligencia artificial para que pudiera obtener el medicamento para sentirse mejor.

Industria del transporte

Recientemente, hemos visto a grandes industrias empujar por motores automatizados que nadie, excepto una computadora, tiene que manejar. Hay algunas industrias de las que quiero hablar porque la industria del transporte es una industria enorme, que consume la mayor parte del mercado que conocemos hoy en día. Hay autos de consumo, la tecnología que entra en estos autos es equivalente a la tecnología que entra en una tableta, los asistentes virtuales están dentro de los autos, y la lista realmente continúa para la industria de la automoción.

Lo primero que quiero hablar es de la industria del transporte por carretera. Recientemente, pude experimentar una simulación a nivel de superficie de lo que es ser un camionero a través del juego *Truck Driver Simulator*. Finalmente comprendo lo difícil que es conducir un semirremolque desde el origen hasta quizás cientos, si no miles de kilómetros, hasta el próximo destino. Se trata de equilibrar toneladas de artículos que cuelgan precariamente fuera de la parte trasera de un semirremolque. La parte más fácil del trabajo es enganchar el remolque al semirremolque. La parte más difícil del trabajo es una mezcla de esquinas y dejar el material donde tenía que estar. Psicológicamente, la parte más difícil del trabajo es simplemente estar en la carretera porque algunos de nosotros viajamos cientos de millas cada pocos años visitando diferentes lugares, así que tenemos una nueva experiencia. Sin embargo, las personas en estas posiciones a menudo tienen problemas de aislamiento porque pueden estar solos durante uno o dos días como mínimo.

Esto no detiene la automatización potencial de estos trabajos. Este es un trabajo remunerado decente, que generalmente paga alrededor de $ 20 a $ 30 por hora como tarifa mínima en los Estados Unidos de América. No es un trabajo fácil, aunque parezca fácil. Como mencioné antes, la parte más difícil es desde el punto de vista psicológico de conducir todos esos kilómetros para llegar a su destino. Este trabajo puede ser automatizado, en un futuro próximo, alrededor de esta parte central; conduciendo hacia el destino. Elon Musk y Uber han anunciado que planean hacer del autoconducción una parte de su futura tecnología. Sin embargo, estas son las compañías que prácticamente todo el mundo conoce. Hay varias otras compañías que luchan en este juego de autocontrol. Específicamente, para la semi-conducción, hay compañías que emplean a estas personas tratando de automatizar el servicio.

Ahora, usted también tiene que darse cuenta de que la semi-conducción es extremadamente peligrosa tanto para el conductor como para las personas que lo rodean. Esta es la razón por la que los semi conductores tienen que ir a la prueba con regularidad y, en general, tener uno de los exámenes de conducción más duros de todos los vehículos que hay. Sin embargo, eso no impide que estas compañías traten de automatizar una industria que antes no había sido tocada por los algoritmos de autocontrol más recientes.

Con los semirremolques autopropulsados, el costo total de los alimentos se reduce drásticamente. Un semirremolque probablemente llevaría varios artículos, pero digamos que son 50 artículos. Si un semi conductor tiene que conducir durante 3 días o 48 horas, entonces

$$48*30 \ / \ 50 = 28.80$$

se añade a los productos en ese semi. Las compañías normalmente no añaden $28 a una barra de mantequilla, pero añaden $46 a un televisor. Como un semirremolque es la principal forma de transporte para casi todos los productos en la tienda, ese costo se aplica a todos los productos. Esto significa que un televisor de $1,000 puede costar $800 o una bolsa de queso va de $10 a $5.

Como he mencionado anteriormente, Uber está en esa categoría como una de las compañías que están invirtiendo seriamente en autos de autoconducción. Como cliente de Uber, se puede ver que el beneficio sería tanto para el cliente como para la compañía, pero no para el trabajador. Muchos de los individuos de Uber lo están haciendo porque es la mejor opción para ellos o porque están aburridos de jubilarse. En el lado del cliente, el viaje será más barato porque ya no tendrá que pagar a un conductor y en el lado del negocio será más barato por la misma razón. Sin embargo, en el lado de los negocios, usted también puede beneficiarse al poder tener muchos más autos de los que tiene empleados. El público casi siempre querrá tener a una persona que lo conduzca debido a la tecnofobia y las posibles conversaciones personales que uno podría tener mientras lo conducen a algún lugar. En realidad, es algo por lo que pagas y que las compañías ni siquiera se dan cuenta.

Sin embargo, si usted también recuerda, hablé de lo peligrosa que es la automatización de la conducción. Uber ha estado bajo cierto escrutinio porque uno de sus conductores no estaba haciendo su trabajo correctamente y el auto de pruebas de autocontrol se las arregló para atropellar a alguien (así es como lo entiendo de todos modos). Esto también está allí para la semi-conducción porque usted tiene un vehículo automatizado en el camino. La única diferencia es la extremidad de lo peligroso que es esto. Es mucho más probable que un camión semirremolque cause daños en toda la calzada que un solo auto. Sin embargo, a medida que avanzamos como sociedad, es mucho más probable que tenga vehículos con mecanismos de emergencia para que pueda hacerse cargo si el vehículo no conduce correctamente.

Educación

Áreas de interés

Uno de los problemas clave de la educación es dónde el estudiante se está enfocando realmente. Por ejemplo, una vez conocí a un estudiante que realmente amaba la lectura pero que a menudo odiaba hacer cualquier tipo de matemáticas. El instructor en sí mismo no se preocupó de cómo este estudiante estaba fallando en esta área seleccionada del contenido del estudio que el instructor estaba dando. Una vez que el estudiante me explicó lo que hizo durante el día y luego me explicó los sentimientos que tenía sobre la parte matemática del contenido, la razón por la que estaba fallando en esa parte del plan de estudios se hizo obvia. Le encantaba leer porque le gustaba ir a un mundo que le permitía escapar, pero las matemáticas a menudo se enseñan desde una perspectiva de escuchar y hacer.

Una vez que sugerí que el estudiante no confiara en el instructor y en su lugar leyera el material en lugar de escuchar al instructor, sus puntajes matemáticos aumentaron significativamente. La razón de este fracaso se debió simplemente a la forma en que se entregó. Puedo prever un sistema de inteligencia artificial que se encargue de la consultoría, como hemos visto en las máquinas de inteligencia artificial construidas para diagnosticar a los pacientes. Este campo de la consultoría en inteligencia artificial es relativamente nuevo y todavía experimental, pero puedo encontrar algo tan simple como lo que encontré entonces, una máquina artificial, con las mismas variables, sin duda podrá llegar a una conclusión similar. Sin embargo, la conclusión será llevada a cabo de una manera significativamente diferente hasta que las máquinas puedan entender el contexto. El contexto es el último campo de abstracción que queda en el proceso de mejora de la inteligencia artificial.

Enseñar sin profesores

Esto nos lleva a la otra área en la que la inteligencia artificial está afectando actualmente y afectará a los profesores en el futuro. A partir de ahora, la inteligencia artificial se está utilizando para predecir qué áreas del análisis estadístico son las más débiles o las más grandes. Por lo tanto, si muchos estudiantes parecen estar reprobando en una parte muy específica de su clase de matemáticas, digamos funciones algebraicas, esto solo se notaría en una máquina que pudiera calcular el número de estudiantes multiplicado por cada respuesta del examen. Eso puede parecer una ecuación muy simple de realizar, pero la ecuación es mucho más compleja que eso. Usted necesitaría un algoritmo que pueda cuantificar cada respuesta como partes de un grupo y como individuo, lo que llevaría a determinar si un grupo de errores es un patrón común o si un grupo de errores independientes es un patrón. Tal distinción es fácil de hacer entre dos estudiantes.

Por ejemplo, si un estudiante de la clase A se equivoca en sus funciones y los estudiantes de la clase B se las arreglan para equivocarse en una función, naturalmente concluiríamos que los estudiantes de la clase A tienen problemas con las funciones, pero los estudiantes de la clase B simplemente tienen la respuesta equivocada. Al tener inteligencia artificial para poder ver esto, la inteligencia artificial podría entonces crear un plan de curso para los estudiantes individualmente basado en los temas que la inteligencia artificial está enseñando. El propósito de un ser humano en una posición de enseñanza en lugar de lectura obligatoria es que haya una guía para la persona que está aprendiendo y una persona para establecer las metas de la clase. Un instructor es una persona que simplemente le dice a la clase lo que necesita hacer, un maestro es un puesto que ocupan aquellos que actúan como instructores y aquellos que guían a los estudiantes a través de esas instrucciones. Sin embargo, al tener una inteligencia artificial que podría determinar si la clase en su conjunto está teniendo un problema, si un individuo está teniendo un problema o si un tema en particular lo está haciendo bastante bien, usted podría hacer que esa misma inteligencia artificial cambie su propio plan de estudios para enseñar mejor a los estudiantes. La inteligencia artificial ya puede actuar como un instructor por defecto, como muchos avisos de ayuda nos han dicho en el pasado, pero al ser capaz de optimizar un plan de estudios la inteligencia artificial también se convierte en algo que puede guiar esas instrucciones.

Periodismo 425

Información Agregada

Uno de los principales propósitos del periodismo es agregar información en un lugar central y, en general, proporcionarla objetivamente. Tenga en cuenta que dije generalmente porque en el entorno periodístico actual, esto rara vez se hace. Es raro ver a los periodistas simplemente presentando los hechos y luego distinguiendo entre los hechos y sus opiniones. El mejor ejemplo de la información agregada que está siendo llevada a cabo por la inteligencia artificial es el Google que usas todos los días o la mayoría de ustedes. Google hace algo llamado enviar un rastreador web, que es una forma elegante de decir que un algoritmo avanzado diseñado para encontrar sitios web en Internet e incluirlos dentro de sus listados de búsqueda. Con el tiempo, han creado algoritmos para determinar su precisión e importancia, pero el ejemplo principal aquí es mostrar que la inteligencia artificial ha estado agregando información en el pasado, pero esto se conoce como inteligencia artificial tonta. La nueva inteligencia artificial podrá recoger información específica, en particular la relacionada con las noticias. Entonces podrá seguir las pistas de esas noticias en Internet para ver si están relacionadas con algún tipo de datos. Por ejemplo, estadísticas sobre delitos o número de panaderías en una ciudad en promedio. Esto nos lleva al clima actual del periodismo tal y como lo conocemos en la esfera política.

Cálculo de precisión

Hubo una presión masiva para censurar lo que se conoce como noticias falsas, pero esto tiene algunos problemas. El gran problema que todo el mundo prácticamente conoce es cómo determinar qué es falso y qué no lo es. La respuesta obvia que la mayoría de la gente busca es que, si es verdad, más gente hablará de ello. Sin embargo, ustedes tienen creyentes de la tierra plana y creyentes de la tierra redonda que tienen debates constantes sobre la Tierra. Si fueras a buscar la cantidad de información sobre la Tierra Plana, hay más sitios web que consideran que la Tierra Plana es una realidad y prácticamente no hay ninguno sobre la Tierra Redonda porque aquellos que creen que es redonda no sienten la necesidad de convencer a la gente. Los creyentes de la tierra redonda simplemente asumen que cualquiera con un coeficiente intelectual más alto creería esto razonablemente y lo aceptaría como un hecho. Por lo tanto, en el espacio en línea, hay más gente hablando de que la Tierra Plana es un hecho que la gente de la Tierra. Siguiendo esta ley obvia, literalmente censurarán a la gente que cree en la Tierra redonda. Ahora bien, si usted se siente de una manera u otra acerca de la información que acabo de proporcionar más allá de completamente estática, usted entenderá por qué es importante no censurar las ideas. Esta es la razón por la que la libertad de expresión en

Estados Unidos está tan protegida, porque el público en general quiere que lo que considera una locura salga a la luz en lugar de tener esa idea en una posición de poder y no ser capaz de detenerla. Se están creando sistemas de inteligencia artificial para determinar noticias falsas, pero los detalles de esas facetas de la inteligencia artificial todavía no han salido a la luz.

Medios de comunicación social automatizados

Si bien se desconocen los detalles de juzgar con precisión al periodismo, la inteligencia artificial puede hacerse cargo fácilmente de los trabajos automatizados. Por ejemplo, al compartir un artículo entre los muchos sitios web de medios sociales, la mayoría de los sitios web simplemente tienen un solo botón adjunto al botón de publicación que les permite publicar instantáneamente en todos los sitios web al mismo tiempo. Esto facilita todo el proceso y, por lo tanto, ahorra la necesidad de controlar si los sitios web se publican en las redes sociales de forma regular.

Sin embargo, lo que aún no se ha logrado, pero en su mayor parte se ha teorizado, es la automatización de la actividad de los medios de comunicación social en esos sitios web de medios de comunicación social. La diferencia entre compartir una entrada que fue escrita y estar activo en un sitio de medios sociales es la diferencia entre escribir una historia y escribir un tweet o una entrada de Facebook o cualquier otro sitio web que uses para actualizar a todos en tu vida. La inteligencia artificial se encuentra actualmente en una encrucijada porque aún no sabemos cómo definir el contexto. Eso no significa que una cuenta de medios sociales no pueda publicar regularmente tweets con un conjunto de reglas.

Por ejemplo, una de las reglas comunes que me enseñaron durante los grados de bajo nivel es tomar la pregunta que me hicieron y reformularla como mi primera frase. Esta es una regla que puede ser seguida fácilmente por una inteligencia artificial, ya que tenemos muchos sitios web de reescritura que le permiten tomar oraciones y reescribirlas. Si alguien publica en los medios sociales, un algoritmo de inteligencia artificial sería capaz de tomar lo que dicen y reformularlo de acuerdo con las reglas. Además, podrían publicar cosas de las que su sitio web podría hablar al día siguiente basándose en los títulos que usted escribió hoy. Esencialmente, la inteligencia artificial estaría generando pistas que atraerían a los usuarios a seguir esa cuenta porque están interesados en lo que usted dijo. Los medios sociales para el periodismo son tanto un medio para difundir información como para publicitar el periodismo que los periodistas están haciendo. Esto ya se está haciendo hoy en día en las campañas de marketing de los grupos activistas para ocultar lo pequeño que podría ser ese grupo. Escuchamos mucha retórica en la elección presidencial de Donald Trump sobre los robots de los medios sociales haciendo precisamente eso.

Agricultura

Mejores predicciones de pronóstico

Una de las cosas más derrochadoras con las que tiene que lidiar un agricultor es cuánto necesita plantar, así como cuánto necesita cosechar y cuándo lo hace. En los Estados Unidos de América, gran parte de los residuos de alimentos se destinan a alimentos que no son atractivos ni se utilizan. De hecho, este es un problema común en las naciones desarrolladas del mundo porque la mayoría de las naciones en desarrollo trabajan en un sistema monetario. Si usted cosecha demasiado, terminará desperdiciando lo que esencialmente sería el valor monetario cuando no pueda venderlo. Si no planeas lo suficiente, podrías perder las ganancias potenciales que podrías obtener si hubieras crecido lo suficiente.

Este es un problema igual para las personas que comen ese alimento, porque, aunque solo se necesita producir una cierta cantidad de alimentos para que el mercado se sostenga por sí mismo, hay personas en los países desarrollados que aún mueren de hambre. Es un problema extraño cuando tienes tanta comida que la estás tirando y aun así sigues permitiendo que mueran personas hambrientas. El problema es que el mercado no es del todo predecible y, por lo tanto, tendrá desperdicios, o tendrá escasez, pero nunca llegará al punto de equilibrio. La inteligencia artificial puede no ser capaz de cubrir gastos, pero puede proporcionar a los agricultores y a quienes trabajan en el sector agrícola mejores predicciones sobre cuánto necesitan producir. La forma más fácil que muchos de ellos usan es simplemente crecer tanto como puedan y luego usar lo que no pueden vender. Esto funciona para muchos pequeños agricultores, agricultores con alrededor de 100 acres a 500 acres. En estas pequeñas áreas localizadas, todavía pueden utilizar la mayor parte de lo que cultivan y vivir dignamente de lo que venden. El problema realmente entra en juego cuando se sobrepasan los 500 acres. Una familia de 4 personas no va a poder consumir 900 acres de maíz en los próximos 6 meses a menos que no coman nada más que maíz durante los próximos 6 meses, pero si venden otro tipo de cosecha es virtualmente imposible. Además, esa familia probablemente morirá porque el maíz no tiene mucho valor nutricional. En estas circunstancias, sería mejor determinar una línea de tendencia para lo que necesitan plantar y cuánto necesitan cosechar, así como cuándo cosechar. Mientras que los agricultores hacen un trabajo fantástico en la provisión de alimentos para una nación, no muchos de ellos son estadísticos de oficio. Por lo tanto, debido a lo mucho que los estadísticos profesionales ganan en varios roles, sería más lucrativo ser un estadístico si solo estuvieras fuera por el dinero. Por lo tanto, la mejor alternativa es proporcionar un producto que haga esas predicciones por usted y aquí es donde surge la inteligencia artificial. La inteligencia artificial ya tiene una gran implicación en el mercado de valores, por lo que utilizarla para algo un poco más predecible como la agricultura ha sido un cambio fácil.

Técnicas avanzadas de cultivo

La agricultura no tiene muchos avances científicos en cuanto a la forma en que se deben cultivar los alimentos, pero si la agricultura se realiza en un entorno controlado, estas variables pueden pasar a una máquina de inteligencia artificial. La razón por la que este hecho es importante es que las máquinas de inteligencia artificial están diseñadas para optimizar lo que se les da. Una gran parte del trabajo de los agricultores se basa realmente en conjeturas o en conjeturas estimadas. Por ejemplo, muchos agricultores buscarán una temperatura específica que mantenga la consistencia para plantar artículos que sean sensibles a la temperatura. Solo puede cultivar papas durante ciertas temporadas según su ubicación. Una máquina de inteligencia artificial podría aprovechar el pronóstico del tiempo y predecir los patrones meteorológicos, lo que llevaría a una plantación más rápida de la planta productiva.

Debido a que la inteligencia artificial puede ser entregada a los Sensores, ellos también pueden manejar cuando el suelo necesita que se le dé un tipo específico de nutriente. Normalmente, los agricultores dependen de la apariencia y condición de una planta para determinar cuándo esa planta necesita más de un elemento específico. Por lo general, la planta mostrará signos de amarillamiento y marchitamiento. Sin embargo, si usted tiene sensores en el suelo y tiene monitores de reconocimiento visual abierto mirando las plantas, puede enseñar a la inteligencia artificial a buscar las mismas cosas. Un cultivo puede pasar un par de semanas sin la nutrición adecuada porque el agricultor simplemente no nota las señales tan rápido, pero una máquina de inteligencia artificial podría saber casi de inmediato que algo salió mal y qué salió mal. el día que comienza Esto permitiría a los agricultores producir más productos y reducir la cantidad de residuos, lo que generalmente beneficiaría a todos. Es por eso, en la última década, esta nueva forma de inteligencia artificial se ha arraigado en los agricultores más conocedores de la tecnología del mercado.

OGM mejorados

La última parte en la que la inteligencia artificial puede ayudar es en el desarrollo de nuevos organismos genéticamente modificados para que crezcan mejor para su entorno. Ha habido mucho estigma en torno a los OGM, pero la verdad es que gran parte de lo que el mundo come hoy en día está compuesto de OGM. Por ejemplo, la mayor parte del maíz no podría venderse a la escala que se vende sin ser un OGM de la planta de maíz original y una maleza. De hecho, algunos consideran que el maíz no es un vegetal sino una mala hierba debido a su origen de estar mezclado con una mala hierba.

Participamos en organismos genéticamente modificados en todas partes, aunque algunos lo consideran malo. Nuestros hijos están modificados genéticamente porque no son ni todos nosotros ni la pareja necesaria para hacer uno. Nuestros alimentos han sido optimizados para que crezcan más y más grandes al mezclarlos con razas que duran más tiempo, proporcionan más alimentos y proporcionan alimentos más grandes. No fue hasta hace poco que comenzamos a usar un laboratorio para crear productos OGM, pero hemos estado haciendo prácticas OGM durante siglos en este punto.

Sabiendo esto y sabiendo que es una ciencia, podemos construir máquinas de inteligencia artificial que predicen mejores combinaciones para el futuro. Esto conduce a más alimentos y, por lo tanto, a más productos, lo que también significa que podemos mantener más población como resultado. Esto ya se está haciendo, pero aún no está generalizado y unas pocas corporaciones masivas han dedicado sus recursos a perfeccionarlo.

Ley

Mejores defensas

Actualmente existe una inteligencia artificial conocida como Lisa, que actúa como un abogado robótico para crear contratos legalmente vinculantes. Debido a que la inteligencia artificial puede acceder a una gran cantidad de información, son capaces de diseñar formalmente reglas basadas en reglas pasadas. En realidad, no es tan difícil para una inteligencia artificial crear un contrato vinculante debido a unos pocos elementos.

El primer elemento es que muchos contratos son casi idénticos, y esto se puede ver cuando se trata de sitios web que tienen formularios de autocompletar con el contrato. El segundo elemento es la comprensión de las partes involucradas y la relación legal de la importancia de un documento. El último elemento es porque, en última instancia, la mayoría de las partes revisarán cualquier documento proporcionado por un abogado robot.

La primera parte es que muchos documentos legales son idénticos, y en realidad se puede ver esta similitud cuando se trata de software. Hubo algunas compañías de software notables que acaban de robar los contratos desarrollados por compañías más grandes como forma de ahorrar dinero. Necesitan, en general, las mismas cosas porque son una compañía de software y, por lo tanto, la mayoría de los elementos que afectan a otro software en términos legales deberían afectar técnicamente a su compañía. Debido a la estandarización de los documentos legales, es fácil saber qué contrato necesita. Esta decisión también puede ser tomada fácilmente por AI en base a preguntas como "¿Qué tipo de compañía es usted?

La segunda parte es que las relaciones entre las partes son generalmente fáciles de entender. Un software generalmente tiene un tipo de relación con un usuario, al igual que un administrador de bienes raíces tiene un tipo de contrato con la persona que lo contrató. Hay relaciones más complejas, pero para la mayoría de las personas, normalmente hay una relación de uno a uno cuando se trata de un contrato. Esta persona quiere algo de esta otra persona y necesita un contrato para ello. Debido a la simplicidad, Lisa puede actualmente proporcionar acuerdos de confidencialidad y contratos de propiedad como resultado de esto.

El elemento final es que no confiamos completamente en los robots porque se nos han dado muchos ejemplos para que no lo hagamos. Por lo tanto, todos los contratos realizados por una inteligencia artificial serán revisados por la persona que los solicitó y luego la persona que los solicitó proporcionará retroalimentación. Esto permite a la compañía que desarrolla esta inteligencia artificial optimizar aún más su inteligencia artificial para adaptarse mejor a las necesidades de sus clientes. Por lo tanto, a medida que los clientes entran en la inteligencia artificial, no solo recopila datos de esos clientes, sino que también recopila datos de clientes con quejas.

Mejor aplicación de las normas

Generalmente se considera una mala práctica ser un mal abogado para los criminales, pero también se considera una mala práctica ser un buen abogado para los criminales. Puede que piensen que esta frase es contradictoria, pero estoy hablando de dos perspectivas diferentes. Para otros abogados, es una mala idea ser un mal abogado para los criminales porque entonces usted es un abogado malo en su trabajo. Para el público al que no le gusta el criminal, usted es un abogado que defiende a un criminal y por eso a menudo se le ve tan mal como al criminal y a veces incluso peor.

Los robots no tienen que preocuparse por este problema de perspectiva porque son robots. Esto les permite ser verdaderamente imparciales cuando preparan un caso para ser utilizado en la corte. Existe una aplicación conocida como la aplicación *DoNotPay*, que actualmente se encuentra en el Apple Store, que le permite obtener asesoramiento legal gratuito. Existe una firma legal conocida como ROSS Intelligence que permite a los equipos legales analizar documentos para su procesamiento legal mucho más rápido de lo que lo haría un equipo humano. Se trata de nuevas tecnologías que son actualmente experimentales, pero que han demostrado que no solo pueden hacerlo más rápido y mejor que la mayoría de los humanos, sino que también pueden hacerlo de forma prácticamente gratuita. Eso no quiere decir que las compañías no tratarán de ganar dinero con estas tecnologías, pero la mayor parte de lo que acabo de presentar se cobra al cliente. Normalmente, un bufete de abogados cobra después de la primera hora de consulta. Un bufete de abogados que utiliza a seres humanos para revisar documentos suele facturar a un cliente por ello. Al hacer que los robots hagan esto, no solo los bufetes de abogados obtienen revisiones imparciales de la información, sino que los clientes

tampoco tienen que pagar cantidades exorbitantes de dinero para

contratar a un abogado. Una compañía pequeña podría usar estas

tecnologías para ayudar a su ciudad local a tener defensas efectivas

contra compañías o personas potencialmente más grandes.

Procesos de negocio con Inteligencia Artificial

Asistentes Virtuales Inteligentes

Tuvimos asistentes virtuales durante casi una década, pero casi todo el mundo está de acuerdo en que los asistentes virtuales no son muy útiles. La verdad es que no están hechos para ser tan útiles. Sin embargo, depende de lo que usted quiere de un asistente virtual en cuanto a lo útil que pueden ser. Puede utilizar asistentes virtuales para programar reuniones, leer correos electrónicos y, en general, hacer muchas cosas relacionadas con la oficina.

La razón por la cual la mayoría de las personas no encuentran que los asistentes virtuales sean muy útiles es que a menudo solo lo utilizan para responder las preguntas que puedan tener. Aunque esto es definitivamente útil, un asistente virtual puede tomar notas en las reuniones de negocios, actuar como registrador de sesiones, enviar correos electrónicos masivos a todos los usuarios de la cuenta de negocios y hacer mucho más de lo que lo haría un asistente real. El único problema es que nadie sabe cuál es la mejor manera de hablar con un asistente virtual. La mayoría de los asistentes virtuales son activados por el habla, lo cual es un tema polémico cuando se trata de cualquier tipo de lenguaje acentuado. La forma en que estos asistentes virtuales son entrenados es haciendo que un grupo de actores de voz entren y usen su voz para emparejar las palabras con los patrones de sonido. En realidad, puede entrenar a un asistente virtual para que reconozca su acento, pero requiere mucho trabajo. Sin embargo, usted encontrará que generalmente se utilizan para hacer cualquier actividad relacionada con la oficina que pueda tener en su negocio. Incluso puedes hacer que tu asistente virtual te lea un libro si realmente lo deseas, solo depende de lo que quieras y la mayoría de la gente encuentra que los asistentes virtuales son casi tan habituales como los asistentes humanos. Lo único que se me ocurre que un asistente virtual no puede hacer por ti todavía es escribir un correo electrónico.

Investigación de Mercados

Una gran parte del aprendizaje automático y de la inteligencia artificial está diseñada específicamente para automatizar la investigación de mercado y perfeccionarla. La mayoría de los estudios de mercado realizados por la inteligencia artificial, siempre y cuando hayan sido formados correctamente, son más precisos de lo que el analista de mercado puede ser a la hora de hacer la misma predicción. Esto se debe a que la computadora analiza más números más rápido que el analista y la computadora no comete errores matemáticos. Normalmente, cuando usted le pide a una compañía que le entregue un informe de mercado, ellos regresarán en aproximadamente una semana con una pieza larga de literatura para explicarle el mercado para usted. Sin embargo, si utiliza una inteligencia artificial para hacer lo mismo, a menudo encontrará que el informe tarda unos minutos en generarse siempre que tenga los datos correctos.

Además, gracias a algoritmos como el algoritmo de clúster K, se pueden encontrar Tendencias Generales y éxitos donde normalmente parecería que nada estaba sucediendo. Esto se utiliza a menudo para identificar compañías exitosas en áreas de interés que normalmente pasarían desapercibidas.

Chatbots

Tal vez la mejor fuente de inteligencia artificial dentro del entorno empresarial venga en forma de chatbots. Si quieres reducir la cantidad de recursos humanos asignados a la atención al cliente, entonces un chatbot es normalmente el camino que quieres seguir. Los chatbots que son artificialmente inteligentes y no solo líneas de guion preprogramadas tienen una manera maravillosa de convencer a otros humanos de que están hablando con un humano. Más notablemente, el tiempo de respuesta de un chatbot frente a un humano es significativamente menor y por lo tanto muchas más personas salen de hablar con un chatbot sintiéndose mucho mejor sobre la compañía.

Dicho esto, los chatbots generalmente no son tan inteligentes. Si va a entregarle al chatbot algo que hacer, probablemente debería entregarle los elementos más comunes para los que llama su compañía. La razón por la que quieres mantenerlo simplista y por la que quieres encontrar una manera de eliminar los elementos más comunes de la lista de llamadas es porque los robots de chat no son inteligentes, pero reducirán la cantidad de llamadas que tu centro de llamadas recibirá.

Auto respuestas de correo electrónico

Como mencioné anteriormente, los asistentes virtuales son actualmente conocidos por ser capaces de proporcionar la necesidad básica de enviar correos electrónicos. Sin embargo, probablemente pensó en los reenvíos que simplemente enviaban correos electrónicos que respondían a contraseñas o restablecimientos de correos electrónicos. Las auto respuestas que están saliendo actualmente son un poco más avanzados que eso. Dispone de auto respuestas capaces de abrir tickets de *servicio de ayuda,* que pueden responder preguntas comunes como el precio del software, e incluso a aquellas que informan a los clientes de los horarios disponibles en los que pueden concertar citas. Algunos son tan buenos que una persona real rara vez necesita estar en contacto con un cliente, lo que ahorra incontables horas en el servicio de atención al cliente.

Al mismo tiempo que digo esto, también sabemos lo terriblemente equivocado que puede ser un servicio así. En realidad, esto es algo común, ya que la inteligencia artificial no puede repensar una solución existente. Por lo tanto, cuando ocurre un problema, la inteligencia artificial no puede autocorregirse, lo que puede aumentar la insatisfacción que un cliente puede experimentar. Esto a menudo se remedia asegurando que el cliente solo interactúa con las auto respuestas para un número determinado de mensajes.

Impuestos

Los impuestos son la ruina de todo el mundo excepto las rarezas que lo encuentran divertido, pero todo el mundo encuentra algo divertido, ¿verdad? La inteligencia artificial existe basada en reglas, lo que significa que un sistema fiscal, un sistema exorbitante de reglas, es como el pan de cada día de Inteligencia Artificial. Sin embargo, hay un pequeño quid de la cuestión de los impuestos de Inteligencia Artificial. Debido a la naturaleza humana de cambiar constantemente prácticamente todo, los impuestos cambian cada año, lo que tiene que ser contabilizado por el software. Esto ha sido lo que ha llevado tanto tiempo a las compañías de software crear una Inteligencia Artificial. eficiente que sea capaz de hacer los impuestos de un individuo. Por lo tanto, esta es una de las nuevas fronteras para la Inteligencia Artificial., ya que las compañías han comenzado a desarrollar nuevos programas para satisfacer esta necesidad.

Sin embargo, dependiendo de cómo se despliegue e implemente, una compañía que utilice el software puede ni siquiera tener que rellenar el papeleo. Ya que tienes que darle a la Inteligencia Artificial. su aporte, podría ser capaz de hacer todos los impuestos por usted eventualmente. Sin embargo, la mayoría de las Inteligencias Artificiales tributarias se centran en determinar cómo afectarán los impuestos al negocio de quien pronostica la predicción y/o la economía en la que se encuentra el individuo/la compañía.

Automóviles sin conductor

¿Qué son los vehículos autónomos?

Qué significa ser autónomo

Derrumbar con un auto autopropulsado es, primero tenemos que entender realmente lo que significa ser autónomo. La palabra en sí misma está compuesta de dos frases griegas. La primera frase, *auto*, significa auto. La segunda frase, *nomous*, significa consuetudinario o de derecho. Por lo tanto, uno puede naturalmente concluir que la frase significa literalmente auto ley o auto acostumbramiento. Por sí mismo, no tiene mucho significado. Solo cuando se aplica a una entidad que es capaz de pensar que la autonomía tiene realmente un propósito.

Como persona, es probable que tenga un trabajo o que tenga responsabilidades que usted mismo realiza. Usted es autónomo en los casos en los que decide lo que necesita hacer. La autonomía se refiere a la capacidad de asignarte leyes para que las sigas. Esto significa que cada vez que haces una tarea específica, la forma en que la haces es una práctica de asignarte leyes a ti mismo.

Por lo tanto, un vehículo autónomo se refiere a un vehículo que es capaz de asignarse leyes sin necesidad de interferencia humana. Por ejemplo, si usted estuviera conduciendo un vehículo que no tuviera descanso, ¿golpearía a una persona o golpearía a 10 personas? Se trata de una cuestión de moralidad común y, con razón, tiene que ver con los vehículos y con si es una buena idea para la autonomía. La mayoría de las personas cree que, si se dejara elegir por sí solo, el vehículo simplemente elegiría al individuo individual debido a la cantidad. Para aquellos que ven que los robots se harán cargo en el futuro, obviamente, la elección es de 10 personas. Sin embargo, la máquina, sabiendo que podría afectar a una persona, podría elegir una opción que probablemente no era relevante para usted en el momento en que presenté esta pregunta de moralidad. La máquina simplemente se estrellaría a propósito, lo que podría dañar al conductor, pero no es probable que lo mate.

La cuestión de la moralidad suele ser la de los trenes y la de no poder hacer esa opción adicional en ese caso. Sin embargo, en el mundo real, esa pregunta rara vez va a existir realmente. La capacidad de ver una opción adicional y poder actuar sobre ella sin que nosotros asumamos las opciones que tendrá permite que un vehículo sea autónomo. Nosotros, como humanos, comúnmente asumimos que solo hay dos opciones, pero el vehículo vería opciones adicionales. Por lo tanto, si la elección se dejara en nuestras manos, se perderían vidas innecesariamente. Este es el mayor punto de autonomía para las máquinas, permitiéndoles elegir la mejor opción sin que los humanos elijan esa opción para ellas.

Las variables en los vehículos

Sin embargo, las opciones se basan en variables y si tenemos un vehículo autónomo, ese vehículo autónomo tiene que tener variables. La primera variable es la propia carretera, es decir, ¿es una carretera recta o es una intersección o una curva? Los tres tipos de carreteras provocarían una reacción diferente a la de los seres humanos, lo que significa que la forma de la carretera es, en última instancia, la primera variable a la que debe hacer frente este vehículo autónomo.

Así como tiene que tratar con la carretera, también tiene que tratar con las leyes de conducción del estado, país o provincia en la que se encuentra el vehículo, que incluye el límite de velocidad. Esto es para que el auto autónomo siga las leyes hechas por el hombre que han garantizado la seguridad humana, que es el punto de formación de un vehículo en la carretera. Un vehículo autónomo siempre será capaz de conducir en línea recta, es literalmente solo una variable que está siendo afectada. Solo cuando introducimos la necesidad de seguridad se añaden variables adicionales.

Por lo tanto, además de conocer el límite de velocidad, el vehículo autónomo necesita ahora ser capaz de ver. El vehículo debe ser capaz de ver para que los seres humanos que caminan delante del vehículo hagan que éste se detenga. Sin embargo, los humanos no ven de la misma manera que los ordenadores. Existe una fantástica biblioteca llamada **Open Vision** que permite a una computadora reconocer elementos que son importantes en el campo visual. La manera en que la computadora reconocería que hay humanos es si hay una forma bípeda cruzando su visión. Esto permitiría que el auto reaccionara en el tiempo que tardó en reconocer la forma bípeda.

La última variable que necesitan los vehículos para ser autónomos es el clima, pero esto se puede hacer con Internet, ¿verdad? En realidad, no si quieres que sea totalmente autónomo. Hay lugares en el mundo que no tienen acceso a Internet, incluso en países donde Internet parece estar prácticamente en todas partes. En tales casos, no desea que un vehículo autónomo conduzca bajo la lluvia si no sabe que está lloviendo. Los humanos reaccionan de manera diferente bajo la lluvia porque deben tener más cuidado ya que su visión es limitada, lo que, por cierto, la computadora tendrá casi la misma cantidad de visión limitada con algunas excepciones. Por ejemplo, los seres humanos no pueden ver en los infrarrojos, mientras que los ordenadores simplemente tienen un interruptor de lente. Los humanos no pueden tener visión nocturna, que es algo que las cámaras pueden tener. Esto permite al sistema Open Vision ver en entornos que normalmente serían difíciles para los humanos.

Una combinación de inteligencia

Por lo tanto, en general, para crear un vehículo autónomo, hay que tener una combinación de invenciones extremadamente brillantes. El vehículo debe ser consciente del espacio, lo que significa que los sensores de proximidad deben estar dentro del vehículo. El vehículo debe ser capaz de ver las formas humanoides a medida que avanza para no matar a nadie. El vehículo necesita ser capaz de entender el clima en el que está conduciendo para que pueda conducir apropiadamente, lo que significa que necesita ser capaz de tener incorporado el pronóstico del tiempo. Estas son industrias separadas que se unen para hacer posible que un automóvil se conduzca solo, que es una de las mayores hazañas de la ciencia que se haya creado.

Miedos comunes

Sustitución de conductores de transporte

El principal temor cuando se trata de la autonomía de los vehículos es la sustitución de los trabajos. El problema con los avances en la ciencia y la sociedad en general es que siempre va a haber un perdedor como resultado. En este momento, mucha gente está preocupada de que algunos de los que trabajan como conductores de Uber sean reemplazados por estas máquinas, ya que entonces Uber no tendría que pagar para que los humanos conduzcan por ahí. Este argumento es similar a cuando Uber salió y los taxistas estaban preocupados por ser reemplazados.

Mucha gente no se da cuenta de que otra gente es muy sospechosa, lo que significa que esta nueva tecnología no va a ser ampliamente aceptada. Van a pasar unas décadas antes de que ninguno de nosotros confíe tanto en él como en el sistema operativo Windows. Tenga en cuenta que muchos de nosotros todavía no confiamos en el sistema operativo Windows. Por lo tanto, no, no va a reemplazar a los

74

conductores de transporte, pero complementará la disponibilidad de los conductores de transporte. A mí, por ejemplo, no me importaría poder conducir a lugares por centavos literales. Al menos sé que un auto autónomo no me va a asaltar o a robar, lo que no quiere decir que el conductor de Uber lo haga, pero la probabilidad es cero con el vehículo autónomo y desconocida con el conductor de Uber. Proporcionaría a las personas que utilizan Uber como una opción barata para ir por la ciudad con una opción aún más barata y, por lo tanto, el conductor de Uber se convertiría en una experiencia premium. Por lo tanto, cuando salen los vehículos autónomos, en realidad se vería un aumento en los pagos de Uber porque el elemento humano sería más apreciado por los clientes que quieren ese elemento humano.

Muerte inculpable

El miedo secundario cuando se trata de autonomía y vehículos es quién va a ser culpado por la muerte. A partir de ahora, hay algunas compañías que han hecho accidentes que han resultado en la pérdida de vidas y lesiones en otros casos. En esos casos, la compañía que puso el vehículo en la carretera ha sido demandada y, por lo tanto, este es el final de la historia. La verdad es que esto es lo que ocurriría con los vehículos autónomos.

El problema que parece molestar a la gente es que, si alguien posee un vehículo que es autónomo por sí mismo, la persona es responsable. Sin embargo, si el vehículo está destinado a ser conducido por sí mismo, entonces es el fabricante quien tiene la culpa, ya que ellos son los que accidentalmente dejaron algo fuera que resultó en el incidente. Ahora bien, existe la gran probabilidad de que la compañía empuje la responsabilidad hacia el usuario, ya que se supone que el usuario debe prestar atención y asegurarse de que el vehículo está conduciendo, pero esto también haría que el vehículo sea inútil a los ojos de muchas personas. Cuando la gente piensa en vehículos autónomos, a menudo representan lo que se muestra en las películas donde los humanos ni siquiera se molestan en aprender a conducir. Simplemente llaman a su vehículo y se dirigen a otro lugar.

Sin embargo, las compañías no quieren asumir riesgos en sus vehículos y probablemente tratarán la autonomía de la misma manera que las compañías trataron el control de crucero. El control de crucero le permite mantener una cierta velocidad, pero usted sigue siendo responsable de lo que ocurre dentro y fuera de ese automóvil, ya que está relacionado con ese automóvil. Para la autonomía, es probable que las compañías la vendan como una característica muy parecida al control de crucero que usted será responsable de mantener vigilada la máquina. Esto asegura que el conductor de ese vehículo sigue siendo responsable de cualquier muerte que el vehículo causa porque es una característica, no algo en lo que se pueda confiar el 100% del tiempo. Es una forma muy inteligente de salirse de la responsabilidad cuando el software no funciona por parte de la compañía.

Incidencias de Google Map-esk

El último temor, que es el menos popular, es que el vehículo actúe de manera muy similar a los incidentes que han ocurrido en el pasado con los Servicios de Cartografía. Mencioné Google Maps ya que es uno de los métodos más populares para navegar por ciudades y países. Sin embargo, ha habido momentos en los que Google Maps no es del todo exacto. Por ejemplo, si tiene una comunidad privada,

Google Maps no está autorizado a tomar fotos de lo que hay dentro de esa comunidad. Mucha gente que de repente se une a una comunidad privada a menudo se ve obligada a dar instrucciones a los repartidores sobre cómo navegar por un vecindario porque Google Maps no está permitido allí.

Sin embargo, Google Maps puede llevar a direcciones equivocadas. Por ejemplo, Pokémon Go tuvo un incidente varias veces con su aplicación porque la gente simplemente no prestaba atención al mundo exterior mientras hacían su ejercicio. Esto llevó a la lesión y muerte de muchas personas porque los mapas mismos eran planos y no mostraban que había nada de qué preocuparse. Esto fue, con razón, culpa de la persona que no levantó la vista del teléfono, pero la gente seguía indignada de que esto ocurriera. La gente culpa a la compañía, cuando en realidad fue la estupidez de la persona la que no levantó la vista. Este es el único temor que no tiene una solución inmediata y es solo porque la gente se indigna cuando se le dice que tiene que ser responsable de ello.

Beneficios de los vehículos autónomos

No conducir ebrio

La ventaja de tener un vehículo autónomo es que ya no depende del ser humano que hay dentro de él. Numerosas muertes y accidentes son causados por la falta de conciencia de los seres humanos dentro del vehículo. Mientras que la persona dentro del vehículo podría estar borracha, un vehículo autónomo podría navegar a esa persona a su casa por sí mismo sin poner a nadie en riesgo al mismo nivel de la persona que está borracha. Esto significa que habría una disminución significativa en muertes y accidentes causados por conducir ebrio.

Optimización de incidentes de tráfico

Hay varios incidentes de tráfico que a menudo son causados por humanos que no son conscientes de su entorno. Por ejemplo, una persona solo puede mirar hasta cierto punto fuera de un vehículo y a muchas compañías les gusta poner cosas delante de su negocio que lo hacen más difícil de manejar. En lugar de tener la vista desde la parte delantera del vehículo, que sería la forma más segura de ver el giro a la izquierda o a la derecha, el humano suele estar en el centro del auto. Pequeños incidentes como este podrían evitarse con un vehículo autónomo, ya que cada centímetro del auto podría estar cargado con sensores y cámaras que le permitirían reaccionar a su entorno.

El software conoce todas las leyes

Más allá de ese punto, muchos accidentes y multas, así como el tiempo en la cárcel, son causados por una ignorancia en la ley que se supone que el humano debe seguir. Por ejemplo, todo el mundo sabe que cruzar la calle es técnicamente ilegal, pero rara vez se hace cumplir. De hecho, si no fuera por el cruce de peatones, los autos que se están construyendo para la autonomía normalmente no tendrían que manejar casos en los que podrían atropellar a un humano.

Taxi más barato/ Taxi del gobierno

Hablé mucho de Uber y de cómo la versión autónoma de Uber resultaría en un nivel más barato de controladores Uber. Sin embargo, eso también podría significar que el gobierno podría, en lugar de proporcionar un autobús para el transporte localizado en la Ciudad

Grande, podrían proporcionar conductores de tipo Uber impulsados por automóviles. Esto sería mucho más útil para las personas que necesitan llegar al trabajo a tiempo, ya que podrían confiar en el servicio gubernamental que los impulsó a trabajar. Esto afectaría a muchas personas en todos los ámbitos, pero también podría tener algunas implicaciones como resultado.

Los Discapacitados Pueden Ser Dueños de Automóviles

En los casos en que un ser humano es ciego o en los casos en que un ser humano es sordo o en los casos en que hay algo físicamente mal en los brazos o miembros asociados con la conducción, este vehículo podría hacerlo por ellos. Muchas de las personas, si usted es discapacitado, por lo general tienen el derecho de conducir despojado de ellos y esto hace su vida significativamente más difícil si necesitan ir distancias significativas. Los vehículos autónomos podrían, esencialmente, proporcionar a esas personas discapacitadas una forma de poseer un vehículo y normalizar su vida después de lo que hayan experimentado.

¿Cómo afectará al tráfico?

No más tráfico

Esto realmente solo se aplicará si casi todos los vehículos en la carretera son vehículos autónomos. Esto es algo que se puede ver en muchas películas y novelas de ciencia ficción en las que los autos son capaces de controlar cómo fluye el tráfico. Dados los datos suficientes y quizás una conexión de red a la red de motores, técnicamente se podría crear un sistema en el que el tráfico nunca tenga que detenerse. Esto se debe a que la única razón por la que el tráfico se detiene a menudo se debe al hecho de que los humanos necesitan tiempo para dejar que otros humanos vayan por el camino que necesitan. Sin embargo, es posible que los autos creen una situación en la que ningún auto tenga que parar nunca. Sería diferente a la forma en que experimentamos el tráfico ahora porque dependería completamente de la automatización. Sin embargo, en los primeros pasos de esta automatización, es probable que veamos muchos menos atascos de tráfico que fueron causados por accidentes o incidentes en los que la policía detuvo a un individuo.

Menos muerte

Como mencioné con la conducción en estado de ebriedad y la capacidad de ser un libro de leyes de manejo, habría muchas menos muertes debido a problemas de tráfico. Esto se debe principalmente al hecho de que los seres humanos reaccionan más lentamente que las máquinas, por lo que se salvarían vidas más rápidamente en situaciones de emergencia. Además, cosas como ir accidentalmente antes de que el semáforo se ponga en verde se detendrían para la mayoría de los autos.

La Inteligencia Artificial y el Mercado Laboral

¿Cuántos trabajos serán reemplazados y por qué debería preocuparse?

Todos los trabajos serán reemplazados

Vayamos al grano porque cada vez que surge este tema, está realmente asociado con el trabajo que se está reemplazando. El problema con este tema es que la gente ve el resultado a corto plazo de lo que hará una tecnología específica. La verdad es que todos los puestos de trabajo en la existencia actual serán reemplazados, con el tiempo suficiente. Es extremadamente fácil definir y colocar en su lugar máquinas para cocinar hamburguesas. El hecho de que refrigeremos las hamburguesas preformadas lo demuestra. Las máquinas ya pueden hacer la mayor parte del trabajo básico que necesitamos que hagan.

No es difícil automatizar algo, pero lo que es difícil es elegir lo que hay que automatizar. Si alguna vez ha hablado con un contador, encontrará que la mayoría de los negocios tienen diferentes situaciones para sus necesidades financieras. Puede ser muy fácil reemplazar la hamburguesa o el cocinero de la cocina por un robot, pero es mucho más difícil reemplazar a la persona que puede evaluar la situación. El problema con la inteligencia artificial es que no tiene algo que le permita entender el contexto.

Siempre que vaya a pagar sus cuentas, es posible que no las pague a tiempo y a propósito. En un sistema automatizado, las cuentas serán pagadas a tiempo cada vez. Sin embargo, es posible que tenga que esperar una semana para pagar una factura específica por una razón determinada. Muchas personas retrasan el pago de las facturas por razones y, por lo tanto, un problema que tienen los robots es entender el contexto, la razón por la que se está haciendo algo. Esto significa que, aunque todos los trabajos serán reemplazados, los trabajos que serán reemplazados en último lugar son los trabajos que requieren contexto. No se puede automatizar el proceso de construcción de un sitio web a gran escala, se puede automatizar el proceso de diseño, los bloques de construcción, y muchos de los diferentes elementos de un sitio web a gran escala, pero ese sitio web cambia en función de las necesidades de la compañía.

Incluso los trabajos creativos

Esto significa que, con el tiempo, incluso los trabajos creativos serán reemplazados una vez que las máquinas de inteligencia artificial puedan entender el contexto. Sin embargo, este es el problema; ¿Por qué importa? ¿Por qué es importante que se sustituyan los puestos de trabajo? Los trabajos existen para continuar nuestra supervivencia y básicamente para darnos algo que hacer hasta que muramos. No es realmente una cosa mala si todos los trabajos obligatorios son reemplazados por robots porque siempre va a haber algo más que hacer. Está bien, así que no tiene que hacer hamburguesas, pero puede elegir crear una tienda de alimentos hechos por el hombre. Eso se convertirá en una especialidad, tiendas que se enorgullecen de usar solo Servicios Humanos. Seguro, usted podría automatizar un auto completamente, pero un auto no va a acelerar una pista a la velocidad máxima para darle una emoción de perforación. Los robots están diseñados para repetir tareas repetitivas, las cosas que haces por diversión son cosas que solo los humanos pueden hacer. Solo los humanos pueden hacer comida hecha por el hombre o ropa hecha por el hombre, algo que será visto como el nuevo estilo *fashionista*. El mercado laboral siempre va a existir y siempre habrá algo que hacer, solo debes tener la perspectiva correcta.

¿Qué se necesita saber para implementar una Inteligencia Artificial?

Más fácil que nunca

Lo primero que necesita saber y comprender es que está conociendo un tema importante. A mucha gente no le gusta empezar con esto porque pueden pensar que es un poco arrogante, pero si estás entrando en la inteligencia artificial entonces necesita entender esto. En las últimas dos décadas se ha hecho mucho trabajo con respecto a la inteligencia artificial, lo que significa que usted va a tener que hacer mucho para llegar a donde está la frontera. Eso no quiere decir que no se pueda hacer en un tiempo razonable, sino que se necesita apreciar la complejidad de esta industria. Además, hay que entender que se ha necesitado mucho trabajo para hacer las cosas fáciles y aunque hay herramientas muy fáciles de implementar en el mercado, entender la mecánica central de cómo funcionan las redes neuronales es clave para usar estas herramientas. Las herramientas simplemente permiten que un individuo realice el trabajo que necesita sin tener que lidiar con muchas molestias, entender cómo funcionan esas herramientas sigue siendo algo que usted va a necesitar.

Álgebra a Cálculo

Lo segundo que necesitará saber es una variedad de habilidades matemáticas dependiendo de lo que quiera que haga su inteligencia artificial. Si desea que su inteligencia artificial simplemente pronostique los precios de las acciones de la próxima semana, necesitará conocer las estadísticas además de un poco de cálculo. Si, por otro lado, desea utilizar la inteligencia artificial para generar obras de arte en 3D, es posible que necesite algunas matemáticas geoespaciales junto con un poco de matemáticas discretas. Hay una amplia gama de habilidades matemáticas que pueden ser requeridas dependiendo de lo que se quiera

hacer con ellas, pero la razón por la que específicamente declaro

álgebra a cálculo es porque al menos necesitarás saber álgebra. Las

redes neuronales están diseñadas con la comprensión de la forma de

intersección de pendiente como la forma más básica de un nodo neural.

Solo se complica mucho más después de eso. La mayor parte de su

aprendizaje será en realidad únicamente matemático y muy poco será

programación, pero esa es la tercera cosa que necesita saber.

Programación

Deberá entender la programación hasta el grado de la

herramienta que planea usar. Si va a un sitio web que le permite usar

una red neuronal que ya estaba construida de antemano, es probable que

no necesite mucha programación. Si planea utilizar una versión

localizada de una red neuronal, probablemente necesitará saber cómo

programar y acceder a la biblioteca de unidades de procesamiento de

gráficos que es compatible en su computadora. Mucha gente

malinterpreta este requisito porque al principio están pensando en

DirectX 11 o 12 o quizás en una arquitectura Vulcan, pero estas son librerías gráficas. Si planea crear una red neuronal localizada, necesitará saber un poco más sobre el hardware que planea usar. Esto se debe a que puede utilizar la unidad de procesamiento central o la unidad de procesamiento gráfico para realizar el trabajo, pero la forma en que lo utiliza es definitivamente diferente.

Estas son más o menos las diferentes cosas que necesita saber para implementar y crear una red neuronal, que es lo que más busca la gente cuando habla de inteligencia artificial. Usted necesita saber las matemáticas para crear la red neuronal, necesita saber el lenguaje necesario para implementarla y, finalmente, necesita saber de qué manera planea implementarla.

¿Qué trabajos serán reemplazados lo más pronto posible?

Las tareas repetitivas son las primeras en realizarse

Como he mencionado varias veces en este punto, los primeros trabajos que se van a realizar son los que se pueden repetir. Voltear hamburguesas, archivar, escribir cheques, levantar cosas, almacenar cosas, asegurar que las cosas estén en los estantes, y casi todo lo que requiera una rutina. Esos son casi todos los trabajos de bajo costo, en los que los adolescentes y los ancianos tienden a encontrarse. Estos trabajos serán los primeros en desaparecer porque no es necesario pagar salarios a un robot y todo lo que tiene que hacer es mantener el robot para extraer los beneficios. Usted todavía necesitará a alguien en una posición gerencial para manejar a los clientes, pero en general, todos los trabajos básicos pueden ser robotizados.

Es importante entender que todavía quedará una persona para estar allí. Esto es algo así como el individuo que está allí en el auto pago. No se supone que el individuo realmente se asegure de que lo revisen y obtenga todos sus comestibles, están allí si algo sale mal. Estos trabajos se convertirán en los nuevos trabajos que encajan los adolescentes y los ancianos en lugar de los que requieren que la persona revise. Esto significa que las tiendas de mamá y papá probablemente seguirán contratando a la persona dispuesta a cuidar la caja registradora durante el horario comercial, pero una compañía como Walmart o Target probablemente contratará a una persona para que se encargue de los robots de almacenamiento.

También aumentará la necesidad de técnicos de mantenimiento e ingenieros de mantenimiento, para garantizar que los robots reciban el mantenimiento adecuado.

Trabajos realizados mediante reglas que van en segundo plano

Ya hemos empezado a ver que los trabajos que requieren reglas empiezan a tener su propia versión de reemplazos instalados. Por ejemplo, como mencioné antes, ahora hay un abogado de contratos de inteligencia artificial que esencialmente reemplazaría a los abogados que se centran específicamente en el trabajo por contrato. Estas posiciones siguen principalmente reglas y patrones, lo que significa que, aunque es significativamente más difícil en la rutina que en el almacenamiento de algo en el estante, todavía puede ser automatizado si se le da suficiente trabajo.

La consultoría va en tercer lugar

El último tipo de trabajo que se va a realizar es el de consultoría y la razón por la que digo esto es porque la consultoría es un trabajo rutinario pero contextual. Claro, se podría decir que en la consultoría todo lo que se hace es juzgar lo que se puede sumar o restar de una carga de trabajo para que la compañía gane más dinero. Esto es algo que una máquina puede hacer actualmente, pero el problema viene en forma de comprensión contextual. Cualquier máquina puede ir y crear métodos de optimización para un negocio, pero el negocio tiene que crear esa máquina para adaptarse a ese negocio. Esto significa que el propio negocio está proporcionando la comprensión contextual de las necesidades del negocio con el fin de hacer una evaluación efectiva de lo que se necesita para optimizar el negocio. Cuando una persona viene a consultar por un negocio, necesita entender el negocio antes de comenzar a sugerir algo. Esta necesidad de una comprensión contextual es algo que aún no puede ser cuantificado por una máquina, por lo que ese será el último tipo de trabajo. Sin embargo, en última instancia, eventualmente desaparecerá.

¿Qué trabajos tienen menos probabilidades de ser reemplazados?

Inventores

El trabajo principal que no será reemplazado es un inventor. Un inventor es un individuo que piensa fuera de la caja. Observan el mercado y las herramientas disponibles antes de empezar a generar ideas sobre lo que puede existir si se combinan esas herramientas. La razón por la que un inventor no será reemplazado es porque casi todas las compañías requieren un inventor para comenzar una compañía en primer lugar. Ellos son lo que impulsa la industria. Absorben más datos que cualquier procesador o procesador actual dentro de la próxima década, y podrían sostener y abstraer en una invención. En otras palabras, los inventores no tienen reglas más allá de las reglas del universo. Esto significa que no se puede automatizar el trabajo porque no hay nada que automatizar.

Ciencia de vanguardia

El siguiente tipo de trabajo que probablemente no va a ver ninguna forma de automatización es la ciencia de vanguardia y esto se debe principalmente al hecho de que los científicos quieren mantener las máquinas alejadas de la ciencia. Eso no quiere decir que no habrá mucha ciencia de la que estas máquinas sean capaces y no quiere decir que estas máquinas no ayudarán a avanzar en la ciencia de vanguardia, pero es poco probable que las máquinas sean la entidad para avanzar en la ciencia de vanguardia. Hay demasiada desconfianza en las máquinas, hay demasiada paranoia en torno a la singularidad, y si entregamos la ciencia a las máquinas, entonces la Humanidad no tendrá nada que hacer.

¿El Ingreso Básico Universal solucionará el problema?

Darles a todos un ingreso básico

La idea del ingreso básico universal es dar a todos un ingreso básico para que nadie muera de hambre. Esta idea no es nueva y, de hecho, muchos países comunistas, así como algunos países socialistas, creen en el ingreso básico para todos en la sociedad. Debido a la rápida sustitución de trabajos que podrían ocurrir como resultado de la tecnología, muchos de los principales líderes en tecnología han comenzado a sugerir un ingreso básico universal para compensar la pérdida de empleos. Esto se proporcionaría a escala global para que todos pudieran mejorar sus vidas y es un ideal realmente bueno, pero no una buena idea.

Aquí está el concepto en pocas palabras, porque tengo que describir más de lo que es el ingreso básico universal en cuanto a por qué los líderes de la tecnología creerían en tal idea... Quiero decir, mala idea. Si todo el mundo pierde su trabajo, nadie tiene que sufrir porque la gente todavía puede comprar cosas si tiene dinero. Para asegurarse de que tienen este dinero, las personas más ricas del mundo donan para que todos tengan un ingreso básico. Este nivel de ingresos base aseguraría que las personas pudieran comprar las necesidades básicas que necesitaban para vivir. Esto no solucionaría el problema de la pérdida de empleo, pero disminuiría significativamente el impacto dañino que el empleo perdido tendría en el individuo promedio porque ese individuo podría comprar alimentos y artículos similares que estimularían la economía.

Las compañías transfieren el costo al cliente

El problema es que el mundo no funciona así. No se puede permitir que una sociedad que antes estaba basada en la meritocracia converja inmediatamente en una comunidad que lo comparte todo, simplemente no funciona. No estoy diciendo que la idea de un ingreso básico universal sea imposible, lo que estoy diciendo es que cuando uno pasa siglos construyendo una sociedad para siempre hacer más y no compartir, se vuelve increíblemente difícil llegar a ser una comunidad que comparte todo. El ingreso básico universal haría que las compañías pasaran el costo de ese ingreso básico al cliente haciendo que los productos sean más caros. El problema es que ahora está automatizando la mayoría de los empleos que existen actualmente, despidiendo a empleados que habrían hecho más que el ingreso básico universal, y ahora tiene una afluencia de personas que reciben su dinero para comprar sus productos.

Devaluar la moneda

Cuando usted infla el valor de una moneda, casi inmediatamente se deprecia en valor. Digamos que decidimos poner en el ingreso básico universal y las compañías pasaron el costo al cliente. Ahora tiene a todos en el mismo nivel de pago si no tienen un trabajo, sin embargo, el dinero es limitado. Usted puede darles a todos un grado de paga base, pero el dinero es limitado, así que a menos que usted vaya a imprimir más dinero entonces usted tendría que tomar el dinero de los ricos. Si usted toma el dinero de los ricos, los ricos no tienen ningún incentivo para construir nuevas compañías para enriquecerse aún más si eso solo significa que usted va a tomar más de su dinero. En el lado opuesto, si decidieras imprimir mucho dinero, devaluarías la moneda. Imprimir dinero infla cuánto dinero tienes en la sociedad y este dinero es en realidad una representación del Cambio. Imagina que tienes 10 entradas que puedes cambiar por una guitarra de $ 300. Cada uno de esos boletos vale $30. Ahora, imprimir dinero es lo mismo que imprimir más boletos, así que digamos que usted imprime más boletos y ahora tiene 20 boletos por la misma guitarra de $300. Ahora, cada boleto vale alrededor de $15. Por lo tanto, basado en el ejemplo, usted puede ver por qué imprimir más dinero hace que el dinero sea más inútil.

Ahora todo es igual pero peor

Entonces, ahora que ha visto el concepto y ve lo que resulta de él en un ejemplo muy, extremadamente simplista, puede ver por qué es una mala idea. Claro, en el primer mes, tal vez, el ingreso base se vuelve útil, pero cada mes después de eso tienes compañías que pasan el costo al cliente y luego tienes lo peor, que es que el dinero que paga el costo disminuye en valor. Esto hace que todo se vuelva más caro y el valor del ingreso base ahora no tiene sentido porque todo lo que podrías haber comprado con el ingreso base para sobrevivir es ahora más caro. Por lo tanto, todo es más o menos igual pero peor porque ahora lo que te pagan vale menos de lo que valía originalmente. Esta es la razón por la que la renta básica universal simplemente no funciona y por la que ha fallado a todas las sociedades que han intentado utilizarla.

No te asustes; úsalo

La Inteligencia Universal. es solo un número

Hay que entender que la inteligencia artificial es en realidad solo una matriz de probabilidad de lo que se debe elegir y lo que no se debe elegir. Muchas personas piensan que cuando esta realidad se haga realidad, los robots matarán a todos y gobernarán el mundo, pero la verdad es que incluso los robots más complejos que existen hoy en día no están pensando por sí mismos. Las reglas que se encuentran dentro de sus sistemas son diseñadas por programadores, es decir, son predecibles.

Todo esto no es más que una ampliación de las matemáticas que se ha incorporado a las máquinas para que sean capaces de hacer las cosas que necesitamos que hagan. Sabiendo que esto es algo que la persona promedio puede hacer, no debería ser algo a lo que le tengas miedo. Usted debe darse cuenta de que casi todos los fabricantes de robótica en el mundo no tienen realmente una intención específica de crear robots que están diseñados para eliminar a los seres humanos. La gente no puede enriquecerse con esto, la gente crucificará inmediatamente cualquier intento de hacer esto, y tendrá una indignación global hacia la primera persona que intente hacer esto. Esencialmente, es una de esas acciones que todo el mundo condenaría y entonces tendríamos muchas leyes que dificultan que otra persona lo haga.

Además de esto, es extremadamente difícil crear algo como Terminator. Tienes que darte cuenta de que estos robots solo pueden trabajar con cuerpos blandos y ahora mismo estamos explorando cómo podemos crear esos cuerpos blandos. Máquinas como la Terminator son significativamente más pesadas, por lo que algo así como una torreta dentro de un robot no es factible debido a la física. Los cohetes no son factibles debido a la física. Esencialmente, si miras cómo está diseñado el Terminator, encontrarás rápidamente que el Terminator al que todo el mundo le teme es una imposibilidad física como arma. Como una inteligencia artificial que es más fuerte que la mayoría de los hombres, eso es posible. Sin embargo, tener un arsenal de armas dentro del cuerpo es imposible si ese robot es del tamaño de una persona. Las personas son diseños precarios en el mejor de los casos y no son muy buenas para mantener un centro de gravedad. De hecho, esta es la razón por la que es tan difícil crear una máquina similar a la humana; la física necesaria para la anatomía humanoide es extremadamente difícil de dominar. Puede que vea algo que sale a la luz como MechWarrior que puede tener esa inteligencia, pero no es probable que veas un robot que se parece a un humano que de repente sale de un cohete. Esta es la realidad y la realidad se basa en los números, si miran los números es extremadamente difícil llegar al temor de que los robots tomen el control de la manera en que Terminator tomó el control. Simplemente hay tantas cosas que están mal con el principio básico que no funcionaría en nuestro mundo. No deje que los fanáticos del apocalipsis de robots decidan cómo quieres utilizar el aprendizaje automático y la inteligencia artificial en tu vida diaria. Hay miles de formas en que el mundo puede terminar, el apocalipsis robot es solo una de ellas y no es realmente posible.

Decisiones rápidas

No importa si usted está trabajando en la industria de la salud, en el mercado de valores, en la industria de bienes raíces o en cualquier otra industria que se requiera para tomar decisiones. Debido al hecho de que las máquinas pueden pasar por decisiones más rápido que los humanos, son capaces de hacer un cambio mucho más grande en la sociedad. Ellos son capaces de decidir rápidamente cómo se puede obtener más ganancias, cómo la gente puede estar más segura y, en general, decidir cosas que benefician a la Humanidad de una manera más rápida de lo que la Humanidad puede decidir por sí misma. Veamos un ejemplo.

Digamos que un auto se cae si se cae de un lado del edificio. Sin embargo, una vez que empiece a rodar, no podrá detener el automóvil. Un humano tendría unos segundos en los que no decidiría nada, y le tomaría unos segundos entender todo lo que necesitaba decidir. Una computadora, por otro lado, sería capaz de mirar la escena y decidir lo que necesita hacer dentro de los nanosegundos de entender las reglas. Las máquinas pueden decidir las cosas mucho más rápido que los humanos y pueden resultar en mejores mejoras a un ritmo más rápido que los humanos mismos. No permita que las compañías gigantes decidan el futuro si puede poner su pie adelante sin apenas barreras en lo que quiere hacer.

Menos trabajo repetitivo para todos

A nadie le gusta hacer trabajo repetitivo a menos que sea algo que normalmente no es visto como trabajo repetitivo sino como un tipo de pasatiempo. Por ejemplo, hay un buen número de personas que aman la pesca, pero la pesca es en realidad una profesión realizada por unas pocas personas, de lo contrario no tendríamos Langostas Rojas. En realidad, no se ve como un trabajo hasta que se habla de los detalles.

La inteligencia artificial nos permite eliminar los trabajos molestos que la mayoría de la gente no quiere hacer. Nadie quiere realmente concentrarse en conducir durante 5 horas a la vez, nadie quiere realmente recoger verduras de 100 acres, nadie quiere realmente asegurar la limpieza de las alcantarillas, y todas estas son cosas que pueden ser manejadas por la inteligencia artificial. No permita que el miedo a que nadie pueda encontrar trabajo le impida innovar y permitir que las personas tomen las carreras que prefieren más. Usted puede decidir si habrá una falta de trabajo o si los trabajos que están disponibles son trabajos que a la gente le encanta hacer.

INTELIGENCIA ARTIFICIAL EN LA INVERSIÓN INMOBILIARIA

DESCARGO DE RESPONSABILIDAD

DESCRIPCIÓN DEL LIBRO

Felicidades por la compra de este libro. Está a punto de adentrarse en el futuro de la inversión inmobiliaria, la gestión inmobiliaria, la financiación inmobiliaria y el marketing. Si está entusiasmado con la industria o simplemente tiene curiosidad sobre el futuro de la industria de bienes raíces, entonces este libro es para usted.

El libro comienza con la historia de Real Estate Investing en los Estados Unidos. Desde los días de la colonización temprana hasta el uso moderno de las solicitudes de alquiler en línea, pasa por todas las etapas del proceso; por lo tanto, usted sabe cómo llegamos a donde estamos hoy.

Luego, el libro habla de cómo podemos utilizar herramientas avanzadas de inteligencia artificial como el aprendizaje automático y las redes neuronales para evaluar los precios de las propiedades; además de utilizar herramientas como la VR (Realidad Virtual) para mejorar la experiencia del cliente.

El libro habla de cómo cambiará el papel de los agentes de bienes raíces con la introducción de algoritmos de alta eficiencia para filtrar las aplicaciones, completar el papeleo y evaluar adecuadamente las tasas de propiedad. También se producirá un aumento significativo de la seguridad con los sistemas de reconocimiento facial y una reducción de los costes de mantenimiento con el uso de sensores domésticos.

Mientras que la industria de bienes raíces ha sido lenta en adaptar las herramientas de marketing digital en comparación con otras industrias, la investigación indica que el uso de estas herramientas reducirá significativamente los costos de adquisición de clientes. Es solo cuestión de tiempo antes de que se utilice en toda la industria de bienes raíces.

Luego, el libro examina cómo la inteligencia artificial mejorará significativamente la forma en que los propietarios eligen al mejor solicitante de alquiler. Aunque el puntaje crediticio y los ingresos actuales son factores razonablemente buenos, no tienen en cuenta muchos de los factores críticos que la inteligencia artificial puede captar fácilmente.

La historia de la tecnología de inversión inmobiliaria

Historia antigua de los bienes raíces de los Estados Unidos

Los bienes inmuebles evolucionaron de manera diferente según la región

Los bienes raíces en los Estados Unidos eran muy diferentes durante los días de la fundación de la nación. De hecho, la mayor parte de la tierra que se vendió se vendió en grandes cantidades. La mayoría de la gente se dedicaba a la agricultura en aquel entonces, ya que era la única manera de vivir realmente.

Esencialmente, los colonos vendrían primero a la tierra y simplemente construirían una casa allí. Con el tiempo, más y más de la tierra fue propiedad de los colonos. Las regiones más seguras eran propiedad de otra persona la mayor parte del tiempo.

La solución era vender parte de la tierra a los recién llegados o permitir que los niños heredaran partes de la tierra. Durante mucho tiempo, las casas nuevas no se construyeron a menudo porque la duración de la vida local de la persona significaba que el niño lo que a menudo hereda la casa.

Sin embargo, esto presentó una situación única en la que las leyes de bienes raíces evolucionaron en base a las áreas que se establecieron primero. Las leyes sobre la venta de casas en Pensilvania eran diferentes a las leyes sobre la venta de casas en Missouri porque se establecieron en momentos diferentes.

La Rápida Evolución Trae Dificultades Históricas

Esta singularidad es intrigante, lo que significa que casi todo era posible. Es muy difícil definir históricamente los comienzos tempranos de los bienes raíces más allá del sentido general. Las leyes del pasado han sido modificadas y editadas para el futuro con poco o ningún mantenimiento de registros.

Sin embargo, presenta un caso único. Los bienes raíces evolucionaron a medida que más personas entraron en un área. Esto es cierto hasta el día de hoy. Los bienes inmuebles evolucionan cada vez que las normas anteriores ya no pueden servir adecuadamente a la población de la nueva zona. Así como originalmente comenzamos simplemente estableciendo casas donde nos detuvimos, también comenzamos a vender los trozos de nuestra tierra a quien pueda estar interesado.

Eventualmente, comenzamos a enfrentarnos al escrutinio del gobierno. Las colonias, al referirse por primera vez a las ciudades y áreas americanas, se enfrentaban a impuestos más altos sobre la propiedad y los artículos que el país de origen. Esto, junto con otros factores, condujo a la guerra revolucionaria.

El Gobierno comenzó una Colección Masiva de Tierras

Lo que comenzó a suceder fue que la gente en un área comenzó a formar sus propias leyes para mantenerlos a salvo. Estas personas promulgarían gobiernos locales que los representarían. Estos gobiernos locales emplearían a personas para mantener la seguridad de la tierra.

Los gobiernos locales eran muy pequeños al principio. Sin embargo, cuando el gobierno comienza a promulgar servicios, esos servicios necesitaban pago. Los servicios son proporcionados por personas que necesitan vivir, por lo que necesitan una razón para hacer el trabajo. El gobierno no tenía muchas opciones para conseguir dinero. El hecho de poder recolectar tierra, por otro lado, les proporcionó una forma de recolectar dinero. Además de esto, el impuesto sobre las ventas y otros impuestos persistieron en las 13 colonias originales. Los alguaciles de las comunidades externas a menudo eran pagados por las ciudades más grandes que los enviaban allí.

Bancos

Los bancos se adquieren rápidamente

Los bancos estaban relativamente localizados y así como los bienes raíces evolucionaron con el área, también lo hizo la práctica de proteger el dinero. Las personas necesitaban protección contra los criminales cuando se trataba de su dinero, lo que significaba que los bancos tenían una oportunidad. Un banco en ese entonces solo significaba que su dinero estaba en una caja fuerte. Aquí es donde entra en juego el viejo truco vaquero de forzar las cajas fuertes.

Sin embargo, los bancos tenían que ganar dinero de alguna manera y no podían simplemente tomar el dinero de sus clientes, aunque algunos lo hicieron y siguen haciéndolo. La principal forma en que los bancos ganaban dinero en el pasado era mediante la posesión y venta de propiedades. Esencialmente, algún granjero solitario no conseguiría una familia. Ese granjero moriría y el pueblo designaría la nueva residencia al banco.

El banco entonces pasaría por el proceso de vender la casa a aquellos que la necesitaban. Después de todo, si una persona muere, no pueden venderle una casa. Los bancos a menudo jugaban a que el que lo encuentra se queda con él en una situación así. Esto permitió que los bancos crecieran en las ciudades más pobladas y, con el tiempo, se les conocía por la venta de casas y la tenencia de dinero. Específicamente, tenían escrituras y dinero.

Las escrituras eran una cosa

Es muy raro que una persona promedio vea un hecho de la vida real. Hay unos pocos lugares en Estados Unidos que todavía tienen sus escrituras en manos de ciudadanos privados. Una escritura representaba que usted era el dueño total de la tierra y que no le debía nada a nadie. De hecho, el impuesto sobre la renta y cosas de esta naturaleza no existían en ese entonces. Esto se debe a que no había ningún gobierno oficial que necesitara financiación, excepto en las colonias. Sin embargo, esos bancos a menudo tenían tierras de las que ganaban dinero.

A medida que el gobierno fue creciendo y avanzamos a través de la Guerra Civil, el gobierno comenzó a recoger las escrituras. Esencialmente, el gobierno se convirtió en un gran banco y comenzó a obtener tierras. Ellos obtendrían las escrituras de las personas que murieron y luego las escrituras de las personas que estaban en problemas financieros.

Esencialmente, comenzaron a apuntar a la gente menos

conocida antes de ir tras la gente más grande.

Finalmente, la clase de ricos tendió a limpiarse, y el

gobierno obtuvo grandes cantidades de tierra durante la

Guerra Civil. La Guerra Civil representó al gobierno

nacional tratando de obtener el control de los gobiernos

estatales.

Aquellos que participaron y perdieron o murieron

en el bando equivocado en la Guerra Civil a menudo se

encontraron perdiendo sus tierras. Esto se denominaría

botín de guerra. Esto permitió al gobierno acumular una

gran cantidad de tierra muy rápidamente simplemente

ganando la guerra. Todavía hay algunos lugares en

Estados Unidos que tienen escrituras vinculadas a ellos,

pero la mayoría de las escrituras que existen para

Estados Unidos están en manos del gobierno. Estas

escrituras representan reclamos de que el gobierno es el dueño de la tierra, lo que les permite operar en ella.

Una escritura representaba un documento que decía que usted era una especie de su propia nación. Al hacer que el gobierno tomara las acciones de casi todos, el gobierno le arrebató el control al pueblo. Esto permitió a los bancos alquilar casas y tierras a la gente como una forma de ingresos en lugar de depender únicamente de la venta de casas y del creciente interés en el dinero.

Los bancos actuaron como agentes inmobiliarios locales

Sin embargo, esa es una gran cantidad de propiedades para administrar y el Gobierno tuvo muchos problemas con la comunicación y la administración. Esto fue todavía durante una era en la que el teléfono y la electrónica eran nuevos. De hecho, no había muchas instituciones dedicadas a algo como las noticias. Tales revistas de noticias solo eran vistas como artículos viables para los ricos o casi ricos.

Esto significaba que el gobierno tenía que encontrar una forma de vender tierras y casas para poder empezar a obtener dinero. Por lo tanto, los bancos se convirtieron principalmente en los representantes del gobierno cuando se trataba de vender y mantener la tierra. Los bancos ya se habían extendido por la mayor parte de los Estados Unidos y representaban áreas de control. Esto permitiría al gobierno vender la tierra que necesitaba y los bancos podrían participar en el dinero que se ganaría. Por lo tanto, el primer agente de bienes raíces local podría ser considerado realmente como los bancos de América.

Bancarrota, delitos y compañías de bienes raíces

Casas Deterioradas y en Bancarrota

Si bien en el pasado era posible obtener casas destartaladas y obtener casas a través de la bancarrota, no era frecuente. Una vez que los bancos comenzaron a actuar como agentes de bienes raíces y propietarios para el gobierno, se hizo prevalente. El proceso estándar era que, si no podía pagar los impuestos sobre la tierra, le quitarían la tierra incluso si pudiera pagar los impuestos sobre la propiedad. Esencialmente, era una manera muy fácil de justificar quitarle la tierra a las familias que habían estado allí por generaciones.

Estos acontecimientos hicieron posible que la venta de tierras se hiciera más común. Las casas en mal estado por lo general se dejaban en paz porque pasarían muchas millas antes de que usted viera a alguien más. Por lo tanto, podrían pasar años antes de que alguien lograra encontrar su casa y casi siempre se asumió que alguien era el dueño de la casa. Por lo tanto, si alguien murió en esa casa, entonces nadie lo supo durante mucho tiempo.

Lo que pasaría es que, si usted no hace un pago mensual, entonces el banco investigaría. Esto acortó la cantidad de tiempo que la propiedad sería encontrada y vendida. O estabas en bancarrota o muerto. En cualquier caso, el banco podría volver a vender la propiedad y generar aún más ingresos.

Crímenes y Subastas

Sin embargo, esto no resolvió realmente todos los problemas porque todavía había criminales que se llevaban las casas de la gente. Si un banco obtenía una casa que antes era propiedad de un criminal, no querían molestarse con ninguna de las reparaciones. Cuando nos referimos a una casa en ruinas, estamos hablando de lugares con techos, ventanas y otros elementos faltantes.

En términos modernos, sería una casa que no tuviera agua o cableado eléctrico. Fue un gran dolor tratar de mantener estas casas. Para ahorrar en costos, simplemente vendieron la tierra por menos con la esperanza de que los dueños crearan una buena casa.

Esto llevó a un pequeño mercado de personas que compraban casas que no estaban al día o en buenas condiciones. Estas personas empezarían entonces a prepararlos y venderlos, de manera muy parecida a como lo hacemos ahora. Sin embargo, comprarlos y arreglarlos por lo general no tomaba tanto tiempo como ahora. Hay muchos más estándares que uno debe seguir cuando se reparan casas en mal estado como la Florida que requieren agua. Por lo tanto, uno, en ese entonces, esperaría comprar una casa y ser capaz de venderla a fin de mes. Esto creó una rápida expansión en el sector inmobiliario.

Donde hay voluntad, hay un camino

La venta de casas fue designada principalmente para los bancos y la persona individual todavía. Había un pequeño colectivo de personas que vendían casas individualmente como una forma de ingreso adicionales. Sin embargo, debido al precio de las casas, esta era principalmente una práctica de los ricos. Los ricos pudieron comprar tierras directamente, construir viviendas más pequeñas para que se ajustaran a la tierra, que suele ser grande, y vender casas individuales. Fueron los ricos los que pudieron dividir la tierra en viviendas más pequeñas, por lo que a menudo se ven grandes ciudades muy apretadas. Estas ciudades no eran estrechas al principio, pero debido al mercado inmobiliario, se volvieron así.

El precio de una casa bajó significativamente con la falta de tierra. Se podía comprar una parcela de tierra que cabía en 10 casas, pero el incentivo de la tierra era generalmente que había tierra. Por lo tanto, si usted estuviera vendiendo cada casa por $10 usted hubiera esperado comprar el terreno por tal vez $50. Por lo tanto, los compradores pensaron que estaban ahorrando dinero cuando se les dio la casa a bajo precio (sin la tierra). Pero los vendedores ganaron mucho dinero con el cambio. Los compradores pensaron que estaban comprando una casa significativamente más barata a cambio de una pérdida de tierra.

Esto se debe a que la construcción de estas casas por lo general requiere bastante trabajo personal o mano de obra contratada. Si usted fuera cajero, no es probable que tenga la capacidad de construir una casa. De hecho, se podría decir que es bastante peligroso hacerlo. En cambio, las personas comenzaron a especializarse en la construcción de casas y se les contrataría para hacerlo. Construyeron casas rápidamente y con los materiales más baratos que pudieron encontrar.

Esto es diferente a los materiales que se encuentran en las casas antes de esta área. Esto se debe a que las viviendas anteriores a esta época fueron construidas por el individuo, por lo que a menudo eran bastante resistentes y en la mayoría de los casos se construyeron en exceso. Estas compañías de construcción usarían las matemáticas y el conocimiento de construcción para reducir el costo, el tiempo y los materiales necesarios para construir el edificio. Estas son las personas responsables de crear los numerosos peligros para la salud que vienen con los edificios antiguos.

La persona promedio no sabía de este tipo de negocio a menos que lo manejara directamente porque no se había extendido por un tiempo. Muchas de las ciudades de las 13 colonias fueron las primeras en adoptar tales prácticas. Esto se debe a que estas áreas tenían la mayor población.

Comenzó la era de los bienes raíces

Eventualmente, las ciudades se hicieron más grandes y las poblaciones se volvieron difíciles de manejar para estos vendedores individuales. Por lo tanto, como los vendedores múltiples tienen una reputación, la gente quería aprender de ellos para poder ganar más dinero. Esto llevó a los individuos ricos a contratar amigos o familiares al principio y a extraños más tarde para participar. Estas fueron las primeras compañías de bienes raíces, ya que muchos de sus empleados estaban ubicados en un solo edificio.

Su gestión como compañía proporcionó a estas compañías una oportunidad adicional en la que algunas habilidades se utilizaron más que otras. Algunos de los empleados se centraron en la búsqueda de casas. Algunos de los empleados se dedicaban exclusivamente a la venta de casas. Y algunos de los empleados se centraron exclusivamente en el papeleo. En otras palabras, al tener múltiples empleados para la Compañía de Bienes Raíces, estas compañías podrían vender mucho más de lo que podrían hacer individualmente.

Estas compañías se expandieron para comenzar a vender en diferentes estados y esa es la historia de ahí para las compañías. Estas compañías han existido por mucho tiempo y no van a parar pronto. Sin embargo, mientras que las compañías han existido, eso no delinea el hecho de que la persona individual también puede vender casas.

El Agente Individual

La venta individual nunca desapareció

La verdad es que la venta individual nunca salió realmente. El único beneficio que las compañías tenían era que se podía vender más a un ritmo más rápido. Sin embargo, esto solo se logra cuando se asigna a las personas una tarea de forma selectiva. Estas compañías designaron trabajos en los que la gente era más rápida. Por lo tanto, el trabajo estaba dividido. El trabajo de una persona se dividía en tres partes. Uno para buscar, otro para archivar y otro para vender.

Esto se usó principalmente para ahorrar tiempo porque al dividirlo en tres, se gastó un tercio del tiempo total. Esto les dio a las compañías una ventaja sobre el significado individual de que podían ganar más dinero. Sin embargo, eso no impidió que la gente intentara vender sus propias casas. Había un montón de bienes raíces en el mercado para que los individuos vendieran casas, pero las compañías tenían una ventaja sobre ellos.

Cuando una persona va a vender una casa, quiere sacar el máximo provecho de su negocio. Esto significa que normalmente eligen una compañía porque hay más seguridad. Es mucho más probable que una compañía pueda vender una casa por el valor máximo que un individuo. Esto puede no ser cierto, pero esto es generalmente lo que es la percepción de una compañía versus el individuo.

Las compañías podrían tener el poder de obtener todas las casas de vendedores individuales. Hay casas que las compañías no quieren vender por varias razones. Puede que no tengan agentes de bienes raíces en esa área. Esa casa puede que no les dé mucho dinero. Esa zona no es favorable para la venta de viviendas, como la alta tasa de criminalidad o las escuelas de baja calidad. Hay muchas razones por las que las compañías no toman todas las casas en el mercado. Esto se usó principalmente para ahorrar tiempo porque al dividirlo en tres, se gastó un tercio del tiempo total.

El Anuncio Clasificado

La mayoría de las transacciones ocurrieron como una compañía o como un vecino cercano. En otras palabras, si usted no vivía cerca de la persona que quería participar en la venta de la casa, no podía vender casas. No era un negocio muy conveniente para aventurarse. Las compañías tenían la capacidad de dar a conocer su nombre a las personas, mientras que el individuo medio no lo hacía. Esto significaba que conseguir una casa como individuo era increíblemente difícil.

La invención del anuncio clasificado nació porque la gente quería vender artículos que sus vecinos no querían comprar y las compañías no querían. El anuncio clasificado era una sección de intercambio, como la versión anterior de Craigslist. Era un área del periódico donde se podía encontrar trabajo, muebles y gangas. Esto permitió que la persona promedio vendiera casas y también fue de boca en boca.

A pesar de que la sección de anuncios clasificados hizo posible encontrar casas, a menudo era el lugar donde se veían vendedores individuales. Esta sería la sección donde los agentes de bienes raíces de poca monta venderían casas en nombre de otras personas. Estas otras personas los contrataban en base a conexiones familiares y de amigos. Además, estos agentes de bienes raíces saldrían e intentarían hacer todo lo posible para atraer a otras personas. Lo que terminó sucediendo fue que el vendedor individual tenía un mercado, pero era pequeño. Esto llevó a la gente a vender casas en su tiempo libre en lugar de confiar en ello como un trabajo en sí mismo.

La línea telefónica y los anuncios

Alrededor de esa época, la línea telefónica se convirtió en un problema. La línea telefónica interconectaba las ciudades. Lo que esto significaba era que las ciudades podían ahora venderse entre sí de manera más efectiva. Si estuviera en Nueva York y quisiera comprar una casa en Filadelfia, buscaría anuncios de Filadelfia. Esto se debe a que la gente de Filadelfia llamaba a Nueva York para poner un anuncio de una casa en la sección de anuncios clasificados de Filadelfia.

Específicamente, se contrataría a agencias de publicidad para colocar anuncios en varias ciudades por un cierto costo. Una persona de bienes raíces individual contrataría los servicios temporales de una agencia de publicidad para empujar su anuncio a otras ciudades. Esto solo ocurriría en el caso de las casas más bien caras.

Las compañías, por supuesto, se llevaron la mayor parte de la publicidad a otras ciudades, pero tenían anuncios más grandes. Normalmente, en lugar de poner una casa en los anuncios clasificados, pondrían un anuncio más grande con su número en él. Esto llevaría a la gente a llamarlos para ver si hay casas disponibles. Las compañías se llamarían entre sí en sus respectivas ciudades para que hubiera una lista de casas disponibles en toda la compañía

. La persona individual, por otro lado, pondría su versión de esto en el anuncio clasificado. Ambos pondrían su anuncio personal para vender casas y las casas que estaban vendiendo en los anuncios clasificados. Esto les permitió llegar a un público más amplio, tanto para comprar como para vender.

El Internet

La invención de Internet hizo un par de cosas para los agentes de bienes raíces. Primero, hizo que el proceso de llenar las solicitudes fuera mucho más fácil. Sin embargo, hablaremos de eso en un momento. Lo más importante que hizo es que usted pudo ocultar que era un vendedor individual y actuar como una compañía. El Internet no le permite ver el personal detrás del sitio web, lo que significa que puede actuar como si fuera una compañía.

Lo que esto hizo es que permitió a las personas tener una falsa adición a su credibilidad. El Internet tampoco ha sido muy bueno para los agentes de bienes raíces debido al fraude. Si puede actuar como cualquier persona en Internet, tendrá algunas personas actuando como usted. En otras palabras, un cliente potencial que ignora cómo funciona el sector inmobiliario podría entregar su casa. Es raro que esto pueda suceder, pero ese es el extremo de lo que le puede pasar a un cliente potencial.

El Internet ciertamente ha traído muchos problemas con muchos beneficios. El Internet ha traído consigo formas más rápidas de archivar, documentar y facturar. Es fácil mantenerse en contacto con los clientes; y más fácil de mercadear a los clientes potenciales.

Generalmente, todo es más rápido. Es gracias a Internet que el individuo puede ahora vender más que las compañías, pero se necesita mucha dedicación para hacerlo. De hecho, la mayoría de estos individuos terminan convirtiéndose en su propia compañía. Por lo tanto, usted ha comenzado a ver algunas compañías en línea. Así que, sigamos adelante y repasemos los beneficios y las razones por las que Internet es preferible.

Aplicaciones en línea

Compre antes de mudarse

El lado más beneficioso de la venta de casas en línea para el cliente es la capacidad de comprar antes de mudarse. La mayoría de las veces, los clientes que compran casas en otras ciudades lo hacen por trabajo. En el pasado, usted tenía diferentes etapas para esto. Al principio, simplemente se mudó a un nuevo lugar y construyó otra casa. Luego, usted llamaría a una compañía y vería si había una casa disponible. Hoy en día, usted simplemente llena una solicitud y comienza a recibir correos electrónicos sobre casas potenciales.

Como puede ver, cada vez es más fácil ubicar casas en otras ciudades. Usted ni siquiera necesita llenar una solicitud la mayor parte del tiempo hoy en día. En su lugar, usted podría buscar el precio de la casa junto con la ciudad y encontrar un buen número de listados. Este ha sido el lado más beneficioso de poner en línea los bienes raíces.

Reduce la cantidad de trabajo en ambos lados de la transacción. El cliente ya no tiene que llamar a diario para ver si hay casas nuevas. El agente de bienes raíces no necesita molestar al cliente cada vez que hay una casa nueva. En última instancia, esto ahorra tiempo tanto para el cliente como para el agente.

Google Maps

Por parte del cliente, ya no tiene que ir a la casa. Simplemente pueden buscar una casa en Google Maps y revisar las fotos adjuntas a la dirección. Pueden ver el vecindario desde todos los ángulos posibles. Incluso pueden inspeccionar los negocios locales para ver qué es lo que va a ser conveniente.

El único problema con Google Maps es que normalmente tiene un tiempo de actualización de unos seis meses. Siempre va a ser información del pasado. Por lo tanto, la adición de sitios web de bienes raíces ha incluido fotos personales. Estas fotos informan al consumidor sobre el aspecto general de la casa.

No solo esto, sino que no tiene que preocuparse de perderse cuando va a la casa. En los viejos tiempos, casi siempre se escogía el lugar en la ciudad en la que se quería estar o el condado. Luego, durante la época de las llamadas telefónicas, usted estaba dando instrucciones que no siempre eran precisas. Tenía que depender específicamente de esa compañía para que le dijera cómo llegar a esa casa una vez que estuvieras en la ciudad. Realmente no tenía ni idea, más allá de las señales de tráfico, de cómo llegar a esa ciudad. Además, los teléfonos eran fijos, así que, si quería volver a hablar con la compañía, tenía que pedir prestado el teléfono de otra persona hasta que las cabinas telefónicas funcionen,

Hoy en día, se escribe una dirección en Google Maps y se obtiene una ruta completa. No solo eso, sino que también puede seleccionar un camino que no tenga peaje. Puede seleccionar el camino que no está en la autopista. Está casi lleno de opciones de personalización para ayudarlo a llegar a su ubicación de la forma que prefiera.

Esto significa que, si usted está viajando a otro trabajo y está usando un vehículo recreativo mientras tanto, hay una ruta de vehículo recreativo. Si usted es un Semi conductor, hay una ruta de Semi conductor. Google Maps ahorra mucho tiempo a los consumidores y evita que el agente de bienes raíces pierda el tiempo dando instrucciones.

Cooperación empresarial

Con el tiempo, las compañías comenzaron a proporcionar herramientas a otras compañías. Usted tiene compañías como Office 360 para manejar la documentación. Compañías como QuickBooks para manejar la facturación. Compañías como PayPal se encargan de la facturación. Esencialmente, usted tiene toneladas de herramientas que simplifican y agilizan los Servicios pagados anteriormente.

Si usted es un solo agente de bienes raíces, la documentación, la facturación y la facturación no son complicadas. A diferencia de una compañía donde usted puede tener múltiples agentes de bienes raíces, usted es una sola persona. No se cobra a tantos clientes en un solo día. Usted tiene más o menos las mismas cuentas que tendría si solo fuera dueño de una casa. Por último, su documentación es relevante para el número de clientes que tiene en ese momento. Es una carga de trabajo bastante pequeña comparada con lo que solía ser.

Todos estos servicios trabajan en cooperación entre sí. QuickBooks funciona con cuentas bancarias y cosas como PayPal. Office 360 funciona con cosas como QuickBooks. Estas compañías trabajan juntas a través de la programación para crear un ecosistema. Este ecosistema te ayuda a ser un negocio como individuo. Al hacerlo, se beneficia no solo de la cooperación de la compañía sino también de la reducción de la fuerza laboral. Sí, usted no tiene tantos clientes como las grandes compañías, pero no tiene tantos gastos generales de trabajo.

AI (Inteligencia Artificial) y VR (Realidad Virtual)

Reducción del tiempo de conducción

La VR es una fantástica adición al espacio inmobiliario. Ya no tiene que preocuparse de reunirse con los clientes en las casas si puede hacerlo en VR. El funcionamiento de la VR en el sector inmobiliario se produce entre dos dispositivos diferentes. Usted tiene un escáner de casa, el cual lleva a una casa y escanea la casa misma. Este escaneo produce un modelo 3D que puede ser utilizado en un entorno de realidad virtual. A continuación, se utilizan herramientas de realidad virtual como la grieta de Oculus y el HTC Vive para ver la casa como un modelo en 3D.

Esta inversión tiene un costo extremadamente bajo porque solo necesita comprar una computadora que sea lo suficientemente potente como para ejecutar VR. Existe una compañía de software que es actualmente la única conocida en el mercado que ofrece servicios de escaneado. El escáner es extremadamente caro para hacerlo usted mismo, pero puede contratar a alguien para que lo haga por usted. Estos escáneres suelen costar un par de cientos de dólares. Sin embargo, puede reutilizar el modelo 3D como quiera y nunca tendrá que forzar una reunión con sus clientes.

La razón por la que esto es una adición fantástica es que no solo se reduce el tiempo de conducción, sino que también se reduce el tiempo de visualización. Normalmente, los agentes de bienes raíces dan a sus clientes alrededor de una hora a media hora para ver una casa. Solo hay un número limitado de horas en un día. Con la Realidad Virtual, tantos sistemas de RV como tenga podrá lucir una casa. Esto significa que, si usted tiene 12 clientes, normalmente un día completo de visualización, con seis máquinas usted podría ser hecho en 2 horas. Esto ahorra mucho tiempo, tiempo que se puede gastar en conseguir y vender más casas.

Inteligencia Artificial (AI): Valor y gestión

La Inteligencia Artificial ha hecho muchas cosas desde su concepción. En el mundo de los bienes raíces, la inteligencia artificial puede hacer muchas cosas. Si bien vamos a profundizar en esto un poco más adelante, la inteligencia artificial puede decirle el valor de su casa y un precio de venta potencial. En el pasado, usted tendría que buscar los precios de venta de las casas locales, las características de su casa, y la calidad del medio ambiente alrededor de la casa. Si realmente desea obtener la mayor cantidad de dinero, este proceso normalmente tomaría un par de semanas.

La inteligencia artificial puede tomar todos los datos encontrados en línea y darle los números más óptimos en pocos minutos. Ahora que tenemos la calidad de las mediciones de las escuelas, las estadísticas de la delincuencia, las bases de datos de ventas en línea y muchos más datos, la inteligencia artificial puede ser una herramienta muy útil. En lugar de mirar un número, la inteligencia artificial encontrará el número óptimo dados los datos, lo que generalmente resulta en un precio más alto.

Sin embargo, eso no es todo lo que puede hacer la inteligencia artificial. Por ejemplo, Zenplace es una aplicación que permite a los propietarios y administradores de propiedades ser más efectivos. El sitio web ofrece servicios como poder encontrar nuevos inquilinos, mantener optimizados los horarios de mantenimiento y reparaciones, e incluso permite a los inquilinos pagar a través del sistema de chat. Un beneficio adicional de la inteligencia artificial es cuánta información puede memorizar.

Cuando un inquilino viene a comprar una casa, pide cosas como los pies cuadrados, los términos con los que el inquilino estará de acuerdo, y muchas cosas complejas que no son fáciles de recordar para un humano.

Seguridad en todos los lados

En cuanto a las leyes que rodean a los bienes raíces, la mayoría de ellas son solo de protección. Hay algunas maneras diferentes de utilizar un pedazo de tierra, pero por lo general es la elección del gobierno. No solo eso, pero usted tiene el hecho de que los diferentes estados tienen diferentes leyes de bienes raíces. El problema es que hay tanta ley sobre la compra y venta de una casa que no cabe en un solo libro de menos de cien páginas.

Un buen ejemplo de esto es el licenciamiento de bienes raíces que ocurre. En algunos estados, usted tiene que tener una licencia para poder vender casas. En otros estados, es un elemento opcional que aumenta su credibilidad. Una licencia de bienes raíces es un proceso mucho más complejo que obtener una licencia regular. Usted tiene que inscribirse en un curso previo y luego tomar un examen de licencia, los cuales están aprobados por el estado. Esto lo lleva a convertirse en un agente de bienes raíces con licencia.

Sin embargo, los beneficios de ser un agente inmobiliario con licencia a veces impactan negativamente en su negocio. Usted tiene que revelar que es un agente de bienes raíces, con lo que algunas personas prefieren no trabajar. A menudo se requiere que trabaje con un corredor de bolsa, lo que representa un negocio más grande. Esto es para proteger al consumidor porque si usted no tiene el dinero, el corredor probablemente estará asegurado. Esto permite a los consumidores que han sido víctimas de fraude ir tras alguien que tiene dinero.

La belleza de Internet es que ha tomado estas leyes y las ha simplificado. Por ejemplo, se podría utilizar un sitio web como Trulia. Este sitio web le permite buscar casas en su área local. Luego proporciona muchos de los beneficios que han surgido con Internet. Usted puede entender el área de la escuela, las estadísticas de la delincuencia, e incluso obtener una visita virtual de la casa y el vecindario. Una vez que se haya decidido por una casa, puede obtener un préstamo hipotecario precalificado para cubrir esa casa a través del sitio web. A continuación, puede ponerse en contacto con el propietario de la casa y tratar de obtener la casa.

La razón por la que señalo esto es por el tiempo que solía llevar hacer todo esto. Solo recientemente hemos calificado a las escuelas. En realidad, solo a partir de los años sesenta empezamos a disponer de un sólido sistema de estadísticas sobre la delincuencia. Es solo en la última década que se puede obtener un préstamo hipotecario y una casa en el mismo sitio web.

Por lo tanto, parte de la información nunca estuvo disponible para usted. Usted tendría que viajar a cada casa y área para investigar. Puede llevarle una semana o más investigar en un área. Entonces tendría que ir a un banco y obtener un préstamo hipotecario, pero solo después de haber elegido una casa. Tendrías que mirar los anuncios o, más adelante en el pasado, simplemente pasear por la ciudad en la que querías estar para encontrar una casa.

Por lo tanto, dar el primer paso para comprar una casa era usualmente un mes o un esfuerzo de tres meses de duración. Ahora, usted puede pasar unas horas de su día buscando residencias para encontrar su casa perfecta. Usted puede entonces pasar tal vez otros 30 minutos llenando una solicitud de préstamo hipotecario. Finalmente, usted puede entonces comenzar el proceso de comprar la casa que usted quería sin invertir nada de antemano. Todo porque los sitios web y las compañías han simplificado las leyes sobre la compra y venta de bienes raíces.

Filtrar el tiempo que se desperdicia tanto en el lado del cliente como en el del agente

Como puede ver, en realidad hay un tema común en todas las evoluciones de los bienes raíces. Casi todas las evoluciones ocurrieron porque ahorraban tiempo tanto para el cliente como para el agente o para ambos. Compañías constituidas como una forma de vender más rápido, ahorrando así tiempo a los agentes inmobiliarios. Salieron anuncios que ahorraban tiempo a los clientes que trataban de encontrar casas en otras partes del país. El mundo en línea surgió y les ahorró tiempo a ambos al tener los servicios en línea. Los sitios web simplificaron la barrera para obtener viviendas y agilizaron la comunicación entre el comprador y el vendedor.

Las reglas sobre bienes raíces no han evolucionado mucho más allá de los estándares. Hay normas establecidas que los agentes de bienes raíces deben seguir. Estos estándares de bienes raíces se han establecido para prevenir el fraude y proteger a los clientes. Sin embargo, dependen del estado en el que planea vender.

Aprendizaje automático para evaluar los precios y las ubicaciones de las propiedades

Cómo un agente de bienes raíces vende una propiedad

Estadísticas del Reporte de Crimen

A menudo, lo primero que un agente de bienes raíces mira es la cantidad de delitos en un área. Casi todas las ciudades tienen estadísticas sobre el crimen para determinar dónde necesitan concentrarse porque solo tienen una cantidad limitada de mano de obra. En las ciudades más avanzadas, estas estadísticas de delincuencia se dividen en regiones, condados e incluso calles.

Es importante entender el nivel de delincuencia que ocurre en un lugar porque un inquilino realmente valorará su seguridad por encima del valor de su compra. Es posible que tenga un inquilino que no se preocupe por un área de alta criminalidad si es solo un robo y tiende a no tener nada que piense que vale la pena robar.

Sin embargo, alguien como un desarrollador de software con una posición mejor pagada que un individuo que vive una vida minimalista, es probable que tenga mucho dinero que quiera gastar. Esto significa que a menudo tendrán artículos en su casa que no quieren que les roben. Además de esto, usted podría tener una familia que generalmente quiere asegurarse de que su casa no va a ser irrumpida. Esto no es solo por la seguridad de sus artículos, sino también por la seguridad de su familia.

Calidad de las escuelas

Con las familias, se agrega un nuevo elemento a la lista porque las familias tienden a mirar solo un criterio más. Las familias están preocupadas por la calidad de las escuelas en el área.

Aunque la mayoría de las escuelas públicas se consideran instalaciones gubernamentales, no funcionan como un gobierno. La escuela en un ambiente de clase alta a menudo se beneficiará de impuestos más altos en el área circundante. Esto se debe a que la mayoría de las escuelas dependen de los impuestos recaudados en esa área por ley.

Esto crea una escuela y una familia rica vs. pobre. Las familias que tienen un salario ligeramente más alto quieren lo mejor para sus hijos. Por lo tanto, lo que tiende a suceder es que las personas con salarios más altos van hacia las escuelas superiores y las escuelas ricas siguen siendo escuelas ricas. Y viceversa para las escuelas pobres.

Ingresos medios de los residentes circundantes

Esto es en realidad una causa secundaria para algo más que muchos inquilinos avanzados buscarán. El costo promedio de la casa a menudo será determinado por el ingreso promedio de la gente en el vecindario. Esto es importante porque sabiendo ese promedio, uno puede adivinar la probabilidad de un crimen y la calidad de la escuela.

Si un vecindario tiene un ingreso medio alto, eso significa que es menos probable que roben o irrumpan en las otras casas. Debido a que la calidad de la escuela a menudo se determina por la cantidad de dinero de los contribuyentes disponible, el ingreso medio de los vecindarios a menudo determina esto. Esto significa que, si realmente desea buscar casas, debe comenzar a buscar ingresos medios de las áreas. Esto se vuelve similar a un problema algebraico en el que, si tiene cualquiera de las dos variables, como el ingreso medio y las estadísticas de delincuencia, puede descubrir la tercera.

Costo de materiales de la casa

El último elemento de la lista que a menudo es solicitado por los inquilinos más avanzados es una solicitud de materiales de construcción. Sabiendo de qué está hecha una casa, uno puede empezar a profundizar en cosas como la salud y el mantenimiento.

Hay muchas casas en los Estados Unidos de América que son de generaciones pasadas. A medida que se han desarrollado los bienes raíces, el estándar en el que se construyen las casas ha cambiado. Esto significa que cuanto más antigua es una casa, más probabilidades hay de que esta casa no sea saludable y necesite mucho mantenimiento.

Un nuevo inquilino probablemente no querrá comprar una casa y luego pensará que necesita repararla. Solo en situaciones las personas compran una casa de reparación o una casa de inicio. Estas son casas que la gente compra simplemente para arreglarlas y luego revenderlas. Las personas que están comprando casas que están comprando su casa en la tercera o cuarta vez a menudo preguntarán por los detalles de los materiales en la casa. Esto es para que tengan una buena comprensión de cuánto tiempo va a tardar esa casa en reparaciones y mantenimiento.

Cómo funciona el aprendizaje automático en general

Entrada

Lo bueno de esto es que todas estas son formas enteras de entrada. El aprendizaje automático depende de la entrada numérica que se pueda introducir en un sistema.

Un algoritmo de aprendizaje de máquina no funciona por interrogación o cualquier otro método de ciencia ficción. El aprendizaje automático no entiende el contexto, que es tanto bueno como malo.

Es bueno que el aprendizaje automático no entienda el contexto porque eso significaría que tenemos AI general y que ellos estarían escribiendo este libro. Es algo malo porque eso significa que, si quiere que la máquina aprenda a trabajar en algo, tiene que convertir lo que conoce en datos numéricos. Usted tiene que traducir el contexto en datos numéricos para que la máquina aprenda a trabajar.

Umbrales

Una vez que el aprendizaje automático tiene los datos que necesita, también necesita umbrales. Usted puede pensar en los umbrales como la forma de aprendizaje de la máquina de contexto. La forma más simple de un umbral es una elección binaria, ya sea que sea algo o no sea algo. Hay formas más avanzadas de umbrales, pero para el propósito de este libro, es importante entender que los umbrales son los que toman las decisiones de los nodos neurales.

Cuando un algoritmo de aprendizaje de una máquina va sobre el aprendizaje, tomará esas entradas y las traerá a una red neuronal. En la red neuronal, hay nodos neuronales en serie y paralelos que descomponen las entradas y las transforman en una decisión. A menudo, las entradas le ahorran a la red neuronal la molestia de descomponer la información.

La red neuronal luego decide si cierta información continua a través de la red neuronal. Lo que eso significa es que el nodo neural ha tomado una decisión positiva, lo que finalmente afectará el resultado general que toma la red neuronal.

Descenso en pendiente

Una vez que las redes neuronales han tomado sus decisiones, eso significa que es hora de ver si la red necesita mejorar o no. No se recomienda realmente mejorar la red manualmente porque los seres humanos son defectuosos y la red podría estar sesgada. Por lo tanto, eso significa que la red podría dar falsos positivos. Esta es la razón por la que el descenso del gradiente se aplicó a los nodos neurales y a las redes neuronales. El descenso por gradiente es una ecuación de cálculo que determina la ruta óptima más inmediata para una decisión matemática.

Por lo tanto, la entrada se alimenta en el sistema, la red toma sus decisiones, y el resultado se llama la salida. Una vez que tenga la salida, úsela para determinar la nueva entrada o invierta esa salida para que se convierta en la entrada. Al tener maneras de decirle a la máquina lo que es correcto y lo que no lo es, usted proporciona un método continuo de optimización. Esto forma lo que se conoce como el descenso en pendiente.

Más datos son útiles

Obviamente, la conclusión final es que cuantos más datos tenga, más precisa será la máquina. Usted podría tener un pequeño vecindario donde introducir los datos y obtener los resultados que desea. Sin embargo, el problema radica en el hecho de que es solo ese vecindario.

Si está hablando de datos de un solo vecindario, usted, un humano, podría hacer los cálculos más rápido de lo que se necesitaría para construir una red neuronal. Construir una red neuronal para una pequeña cantidad de datos no tiene sentido. Es por eso por lo que los productos se han hecho porque los productos permiten el acceso a más datos.

Si usted es un solo agente de bienes raíces, podría vender cien casas en su vida, tal vez hasta mil. En el caso más óptimo, usted está viendo miles de vecindarios diferentes a lo largo de su vida. Esto significa que los datos cambian con el tiempo, los datos son antiguos y todavía son relativamente pequeños en el ámbito del marketing inmobiliario. Al tener un producto, los agentes inmobiliarios podrían combinar esta información para producir un algoritmo de aprendizaje automático que sea mucho más rápido.

Máquinas que aprenden a evaluar

Una máquina solo necesita números

Ahora, necesita traducir el contexto de una máquina. Sin embargo, ya lo hemos hecho nosotros mismos. Con el fin de examinar las estadísticas de la delincuencia y compararlas, ya hemos puesto un valor numérico en el asesinato, el robo y el fraude. Para ver el ingreso medio de una ciudad, hemos recopilado el ingreso de todos. Para mejorar vecindarios específicos, nos hemos tomado el tiempo de asignar ingresos a los cuadrantes.

Lo que esto significa es que la mayor parte de la información que necesitábamos para traducir el contexto ya se ha hecho. Es solo cuestión de obtener acceso a esa información y compilarla en una red de aprendizaje automático.

Contexto de numeración durante años

Esto tampoco ha sido un proceso fácil y ha llevado muchas décadas. De hecho, no tuvimos un consenso realmente bueno hasta la década de 1960, cuando las computadoras comenzaron a involucrarse. La simple verdad del asunto es que los humanos son lentos comparados con las máquinas cuando se trata de ecuaciones numéricas. Entonces, en la década de 1960, teníamos una población tan grande que no podíamos seguirla. Al menos no por mano humana, lo que significaba que teníamos que entregarlo a las máquinas.

Por lo tanto, desde la década de 1960, hemos cuantificado estos elementos contextuales en forma numérica para las computadoras. Esto nos ha dejado una enorme biblioteca de información que los agentes de bienes raíces pueden usar para hacer productos de aprendizaje automático.

Calidad de vida ahora medible

Tal vez la medida más avanzada es la calidad de la medición de la vida. Solo en los últimos 100 años hemos podido medir adecuadamente la población, entre otras cosas. Solo en los últimos 50 años hemos podido medir la calidad de vida. La calidad de vida incluye cosas como la esperanza de vida, los niveles de ingresos, los niveles de pobreza y muchas otras variables. Esto es útil para algoritmos de aprendizaje de máquina cuando se trata de vender casas.

Vender una casa es realmente una combinación de dos cosas diferentes. El primer elemento es que debe medir el costo de la casa. Entonces necesita medir el costo del medio ambiente. Una casa de un millón de dólares construida en la zona más pobre del vecindario tendrá el ambiente más pobre, por lo que es probable que no sea un millón de dólares.

Compensar en otro contexto

Esto crea un área compensatoria donde ahora hay competitividad entre el costo del medio ambiente y el costo de la casa. Por ejemplo, usted puede tener una casa pobre, pero puede ser agradable vivir cerca de algunos de los restaurantes más elegantes que hay. Es posible que tenga una casa en el agua, pero la casa está deteriorada.

En otras palabras, usted podría tener una casa gris en un ambiente muy malo. Usted podría tener una casa horrible con un ambiente que no solo incluya las necesidades básicas como el crimen y la calidad de la escuela. El poder decir que su casa, que usted está vendiendo, está cerca de una tienda de comestibles o de un restaurante de alta gama le da un punto de venta adicional. Esto puede denominarse costo compensatorio o los beneficios de vivir en el área que no son necesarios.

Más rápido, más rápido, más rápido.

Selección de Casas Potenciales

Al contar con un algoritmo de aprendizaje de máquina que realiza un seguimiento de todo esto, usted puede moverse mucho más rápido en el mercado. Usted puede encontrar las casas adecuadas con los ambientes adecuados y comprarlas en los momentos adecuados.

En la última década, la forma promedio de comprar una casa era mirar lo que estaba disponible en diferentes momentos del día. Repasaría el mismo proceso y perdería de una hora a una hora y media al día. Esto fue simplemente para ver lo que estaba disponible.

Un algoritmo de aprendizaje de máquina que entiende lo que está buscando y puede hacerlo por usted. También puede hacer mucho más que eso. Podemos encontrar la casa adecuada por el precio adecuado, pero también podemos hacer las tres o cuatro horas de investigación. Si usted encuentra una casa exitosa, usted tiene que hacer una investigación adicional.

Esta investigación incluyó estadísticas de delincuencia, calidad de vida y calidad escolar. Un algoritmo de aprendizaje automático encontrará la casa adecuada para usted y analizará todas esas variables que le presentarán automáticamente la mejor casa para comprar.

Conociendo las Casas

Además de esto, si combina la realidad virtual en este proceso de venta, en realidad no tiene que reunirse con sus clientes. El caso más probable es que traiga a un cliente a un área de visualización donde se coloque un auricular y mire el interior de la casa junto con otros clientes que miran la misma casa.

Esto reduce la cantidad de tiempo que se pierde conduciendo de casa en casa. En lugar de tener que negociar los horarios con los clientes para ir a ver las casas a diferentes horas, simplemente puede llevarlos a una habitación donde se pongan los auriculares y miren alrededor de la casa todo lo que quieran. Casi el 90% del tiempo perdido por un agente de bienes raíces proviene de la conducción.

Filtrar candidatos

También puede comenzar a filtrar a los solicitantes basándose en cosas como los ingresos relativos. En el pasado, alguien solicitaba una casa y usted le pedía información. Usted entonces pasaría por el proceso de obtener esa información, hacer un informe de antecedentes de esa persona y obtener un informe de crédito.

Este proceso en realidad toma bastante tiempo. De hecho, aunque la casa puede estar a la venta a principios de mes, no puede venderse hasta el final del tercer mes. Esto se debe a que esta comunicación entre los humanos es bastante lenta.

Puede enviar una solicitud de información y esperar otra semana o dos semanas para obtenerla. Luego, puede ejecutar una verificación de antecedentes, que requiere que le paguen para compensar el costo de una verificación de antecedentes. Usted entonces necesita esperar a que el chequeo de antecedentes le sea devuelto, el cual ha aumentado en velocidad con el paso de los años. Usted también necesita obtener un historial de crédito, lo cual puede tomar algún tiempo.

Luego, una vez que haya hecho esto para cada solicitante, comience a buscar a los solicitantes que desee. Si la lista está entre 10 y 20 personas, está buscando entre 10 y 20 personas para las que tiene que repetir este proceso. Peor aún, este proceso es manual y, por lo tanto, debe pasar tiempo personalmente.

Sabiendo esto, el aprendizaje automático y el Internet pueden hacer que este proceso sea mucho más rápido. Una persona puede inscribirse en su sitio web, enviar toda su información y procesar un cargo por la verificación de antecedentes y de crédito.

La mejor parte de esto es que este ecosistema es todo en línea y automático de su parte. Esto significa que ya no tiene que perder el tiempo por su cuenta para realizar todos los pasos manuales indicados anteriormente. Principalmente, puede filtrar automáticamente a los candidatos que no desea sin tener que tratar con ellos.

Incluso marcando las líneas

La mejor parte es que no se detiene ahí porque usted puede usar servicios en línea y aprendizaje automático para formular contratos. Puede usar la historia pasada de la persona para crear un contrato que se ajuste mejor a ellos y a usted en lugar de usar una solución de un contacto para todos. Una persona puede tener una discapacidad o un gato o alguna circunstancia especial. Puede utilizar la información de fondo de una persona para generar un contrato que se ajuste específicamente a las necesidades de usted y de la persona.

Además, puede tener ese contrato firmado de una manera más segura. Al tener el contrato en línea, puede grabar la firma del contrato. Esto le permite avanzar con el contrato sin la necesidad de un notario. Establecer un notario puede llevar tiempo si no tiene uno en su bolsillo. Al poder registrar lo que ambos están haciendo, no necesita un notario para confirmar un contrato en la mayoría de las situaciones.

Una nueva frontera

Skyline

Skyline es una compañía que ayuda a reducir el costo y el caos que conlleva la administración de activos y propiedades. Se centra principalmente en predecir las tendencias en los precios y la calidad de la propiedad que usted podría querer comprar en un área específica. Además, también programa la fijación de precios de alquiler con opciones de renovación para que usted obtenga el óptimo retorno de la inversión.

Usted actúa como miembro en su programa y ellos ganan dinero cuando usted gana dinero (tome un porcentaje de sus ingresos). Dicho esto, tienden a lanzar la palabra "AI" como si todo se convirtiera en oro. Después de todo, usted puede predecir el crecimiento de la población y el valor del vecindario si observa algunos factores. Estos artículos aumentarán si ocurre lo siguiente. Más puestos de trabajo a menudo significa que más gente quiere vivir allí. La cantidad de atracciones turísticas que aumentan o mejoran a menudo significa que las estaciones querrán estar allí más tiempo. La innovación tecnológica en la ciudad y en las áreas comerciales hace que el valor del negocio aumente, lo que significa que vale más trabajar en esa área. Por último, la población de las ciudades se calcula por año. Se puede comparar con el número de niños que nacen cada año para saber cuánta gente se muda a esa ciudad. Esto le dirá cuánto está creciendo orgánicamente la población en comparación con el crecimiento económico. Cuando está creciendo económicamente más que orgánicamente, eso significa que la ciudad tiene mucho valor en ella.

Ahora, si parecía que señalaba variable tras variable, es porque eso es en última instancia lo que la inteligencia artificial suele buscar. Es posible que haya habido variables que no tenía en cuenta, pero la mayor parte de esto se puede hacer a mano. Luego puede evaluar el valor de los barrios de la ciudad para obtener un precio óptimo para alquileres y ventas.

Lo importante es que la AI hace todo esto por usted, lo que significa que tiene más tiempo para ganar dinero. Ese es el punto *final de* este tipo de software.

Oportunidad

El objetivo principal de la compañía es prestar dinero para luego vender las casas que tienen en sus manos. Tienen una opción para agregar bienes raíces desde otros sitios web, pero necesitan estar en sitios web populares que aprueben. Esto crea una versión más grande de propietario e inquilino en realidad, pero con tarifas mucho más altas. Dado que se trata de un préstamo, las tasas de interés se pueden cobrar por encima, por lo que es mucho más caro. Hablarán día y noche de los descuentos, pero lo que realmente intentan ocultar es su "plataforma inteligente".

La AI es muy similar a lo que era la "PC de juegos" promedio en 2016, muy confusa para la persona promedio. A menos que alguien te lo explique (aún puede ser confuso en algunos casos), la AI es un lío enredado de palabras extranjeras. La única paleta que puedes meter en el estanque de IA son las expresiones matemáticas ... y esas son difíciles de manejar, por decir lo menos.

Si bien no se puede decir exactamente qué está haciendo su AI, ciertamente se puede especular. Hay muchos factores que identifican áreas de crecimiento y casas infravaloradas. El porcentaje de puestos de trabajo disponibles es una buena manera de ver el crecimiento de la ciudad. El porcentaje de áreas de casas compradas durante ciertos momentos también ayuda a determinar el crecimiento del vecindario. Las casas infravaloradas podrían ser simplemente casas que son vendidas por vendedores de poca monta o propietarios independientes que no hicieron cálculos matemáticos fáciles. Si usted toma cada casa en una cuadra y determina el porcentaje óptimo al que se venden esas casas. Luego se hace esto con los bienes inmuebles existentes en la ciudad, se obtiene un rango de porcentaje. Este es un rango básico en el que se puede marcar el valor de una casa. Si estás por debajo de este rango, estarías subestimando una casa.

Esto no quiere decir que no haya algo más complicado entre bastidores. Es muy fácil (como programador de AI) ver cómo se puede hacer un sistema de este tipo. Sin embargo, si uno mira los Términos y Condiciones, lo hacen de manera que nadie pueda mostrarle a nadie cómo funciona su sitio web. Así es, tienen terminología legal diseñada específicamente para tratar de reducir la ley de Uso Justo. De acuerdo con estas pautas, ni siquiera puedo citarlas.

Puntuación Enodo

Aunque el sitio web está un *poco* roto, es una herramienta impresionante. Enodo es un sitio web beta (en el momento de escribir este libro) que te permite consolidar mucha información. La inteligencia artificial parece venir en la forma de un rastreador web y las matemáticas estadísticas. Un web crawler es un mecanismo programático que busca en Internet para descubrir información. Este parece tener como objetivo los términos de búsqueda clave, almacenando previamente los resultados en una base de datos.

En el caso de la puntuación Enodo, le proporcionan tanto la información como el análisis de los barrios de una zona determinada. Esto es bastante caro si intentas contratar a alguien para esto. Si lo haces tú mismo, también lleva mucho tiempo. Por lo tanto, el sitio web está realmente construido alrededor del concepto de ahorro de tiempo.

Compañías como estas

Compañías como estas son realmente las primeras de su tipo debido a la implementación de la IA, pero la implementación es ligera. Esto se debe a que la barra de entrada es extremadamente baja en este momento para este mercado. Estas pueden ser herramientas útiles, pero usted podría crear un sistema de este tipo con mejoras con bastante facilidad.

Veo que están sucediendo algunas cosas más antes de que esta industria se vuelva perceptible para la persona promedio. La persona promedio no usará los términos de búsqueda "AI" e "Real Estate" juntos. Esto es lo que veo que está pasando.

Lo primero que probablemente ocurrirá, ya que AI ya ha comenzado su incorporación, es la incorporación de Blockchain. El Blockchain sería extremadamente útil para la industria de bienes raíces, especialmente para el mantenimiento de registros. Dado que la Cadena de Bloqueo es casi impermeable a la manipulación, sirve bien en los casos en los que un notario podría desempeñar un papel.

La segunda cosa que veo que está sucediendo es que las compañías de bienes raíces actuarán más como compañías de software. AI puede ayudar a la gente a encontrar una casa, venderla, y un humano solo participa en la realización de la transacción. Por lo tanto, con cosas como ver, se hará a través del navegador o por teléfono. Como tal, las herramientas se convertirán eventualmente en el frente de la compañía. Sin embargo, los días en que un agente de bienes raíces lo guía a través de una casa se están desvaneciendo rápidamente.

Lo último que veo que está sucediendo es algo que vemos desde la comunidad tecnológica: la reutilización de materiales. Se están construyendo muchas casas, a pesar de que la tasa de natalidad ha disminuido y la tasa de mortalidad se ha acelerado. Esto significa que la construcción de bienes raíces inevitablemente declinará. Aún más, muchos están optando ahora por la vida de un vehículo recreativo, una oportunidad inmobiliaria propia.

No solo es más barato actualizar una casa antigua a nuevos estándares, sino que también es menos costoso para el medio ambiente. Es menos costoso y más fácil de hacer, por lo que el reciclaje de casas se hará aún más común. Como hay menos familias nuevas, habrá un declive natural en las casas nuevas una vez que el mercado lo descubra. En este momento, el mercado aún no lo ha resuelto a gran escala, por lo que solo las pequeñas compañías lo están haciendo. Sin embargo, estas compañías están creciendo rápidamente, mientras que las compañías de "casa nueva" están cayendo más rápidamente.

Con aplicaciones como Airbnb aprovechando esta tendencia general, se han convertido rápidamente en uno de los mayores mercados de alquiler de bienes raíces. Habrá compañías similares subiendo esa escalera usando diferentes métodos; métodos de IA. Por lo tanto, es natural que una vez que se incorpore Blockchain y los bienes raíces se conviertan en software, los bienes raíces

se convertirán en un recurso reutilizado como las

camisetas.

CÓMO SE EFECTUARÁN los Agentes de Bienes Raíces

Una preocupación con el inicio de la Inteligencia Artificial (AI) es que reemplazaremos a todos los agentes de bienes raíces y contratistas con robots. Si bien es muy improbable que esto suceda en el futuro, definitivamente habrá un cambio en el papel que desempeñan los agentes de bienes raíces en el proceso; y aquellos que no se adapten a los nuevos procesos podrían quedar irrelevantes. Investigamos este tema más a fondo en este capítulo; examinamos el papel que la AI desempeñará en el proceso, y también echamos un vistazo a algunas nuevas e interesantes compañías en el espacio.

Los agentes de bienes raíces nunca lo harán por completo

Las personas siempre consiguen más personas

Cuando las personas hablan de que la inteligencia artificial se hace cargo de una posición específica, tienden a olvidar que a las personas les gusta hablar con ellas. El trabajo del agente de bienes raíces promedio puede cambiar, pero siempre va a haber una necesidad de personas.

El mejor ejemplo de esto es McDonald's. McDonald's tiene bastantes lugares donde puede usar una pantalla para pedir la comida usted mismo. Sin embargo, a pesar de que esta opción está disponible, por lo general son bastantes personas en el mostrador de la caja para tomar las órdenes de la gente. Esto se debe a que a la gente le gusta comunicarse con la gente.

El Internet es un reconocimiento de esto porque es una máquina gigante utilizada para la comunicación. Literalmente, Internet no es más que una herramienta de comunicación. Es solo que, a través de la comunicación, podemos ordenar artículos internacionalmente, podemos hablar con personas en diferentes idiomas en otras partes del mundo, y podemos colaborar mejor en proyectos.

Las máquinas no pueden entender el contexto

Los agentes de bienes raíces siempre serán necesarios porque a veces una computadora no entiende la situación completa. Como mencioné antes, una inteligencia artificial capaz de comprender el contexto reemplazará el trabajo de cada persona. Simplemente no tenemos eso, tenemos una inteligente mezcla de matemáticas con personas que traducen el contexto en valores numéricos.

Esto significa que, si una persona ha conseguido recientemente algo de dinero, pero antes era pobre, esto sesgaría los datos. Podría tener un millonario rico que fue pobre durante 20 años de su vida y que quiere comprarse una casa. Si usted se basara únicamente en el aprendizaje automático, esta sería una oportunidad que ha perdido.

El ejemplo de lo que puede salir mal puede ser hasta el extremo, pero hay muchas situaciones como ésta en las que se necesitan ojos humanos. El aprendizaje automático no sustituye al trabajo, sino que minimiza el trabajo. Se deshace del trabajo manual que la mayoría de nosotros experimentamos. Por lo tanto, si bien no es necesario confiar plenamente en el aprendizaje automático, el aprendizaje automático sigue siendo muy beneficioso.

Las personas juegan mejor con otras personas

Además, las personas venden más a otras personas de manera más eficiente que las máquinas. Las máquinas se han vuelto increíblemente buenas vendiendo ciertos artículos a la gente, como cajas de botín. Sin embargo, un vendedor siempre podrá vender más que una máquina porque el vendedor entiende el contexto. Hay ciertas situaciones en las que las máquinas pueden hacerlo mejor, pero en general, las personas no pueden leer a otras personas.

Digamos que usted tiene a una persona joven acompañando a su abuelo discapacitado a comprar una casa. El algoritmo de aprendizaje de la máquina trataría de venderles la casa basada en ambos salarios, pero un humano podría tratar de vender una casa basada en el valor de la persona joven. Usted podría estar pensando, ¿por qué no ir tras la persona mayor? Es probable que la persona mayor tenga más dinero, ¿por qué no ir tras ella?

186

Un agente de bienes raíces revisará las finanzas de ambos y llegará a una conclusión. El joven sano está más preparado para continuar la venta después de la muerte. En lugar de tratar de vender la casa a los abuelos, un agente de bienes raíces podría sugerir poner la casa bajo el nombre de la persona más joven para asegurarse de que la casa no se ponga en el mercado en caso de que algo horrible ocurra.

Esta sería una situación en la que la persona más joven gana más que la persona mayor, pero tiene menos responsabilidad financiera. Por lo tanto, el agente de bienes raíces podría tratar de arrendar a la persona más joven en una situación como la de alquilar para comprar. En lugar de vender la casa, el contexto de la situación requiere una relación a más largo plazo para garantizar que el agente inmobiliario obtenga la mayor cantidad de dinero del acuerdo.

Si la persona más joven no paga el alquiler, no tiene que reclamar la bancarrota. Si la persona más joven es la dueña de la casa, para deshacerse de la casa tienen que reclamar la bancarrota. En esta situación, es más ideal para la persona más joven para ir con una situación de arrendatario. Para el agente de bienes raíces, si la persona más joven acepta el trato, entonces no solo recibe dinero para lo que habría hecho con la casa, sino que también recibe algo más, potencialmente. Si una persona no paga el alquiler, el agente de bienes raíces hizo toneladas de dinero mientras alquilaba y ahora puede revender la casa. Entonces, dada la situación contextual, el agente inmobiliario tiene la oportunidad de ganar más dinero a largo plazo.

La Inteligencia Artificial (AI) se convirtió en la nueva línea de fuego

Filtros de Inteligencia Artificial solicitantes

En el pasado, los solicitantes enviaban un correo electrónico o postal para tratar de comprar una casa. En los días de correo postal, esto a menudo tomaría semanas a la vez. Tomaría semanas porque incluso si usted enviara el correo en su ciudad, probablemente no lo vería en el buzón al que iba a enviar hasta 2 o 3 días después. Tratando de enviarlo a otra ciudad, se podría esperar una semana o dos antes de que llegara allí. Los correos electrónicos hicieron todo este proceso significativamente más rápido.

Sin embargo, ambos tenían el mismo problema. Digamos que tienes 50 candidatos en una sola semana. Le tomará unos 10 minutos mirar la solicitud que la envió. Desde abrirlo, hasta leerlo y decidir sobre él, todo eso tomó 10 minutos. Eso significa que el correo desperdició 500 minutos de su tiempo. Eso significa que casi 9 horas de su tiempo se desperdiciaron solo en el correo.

Por otro lado, el correo electrónico no era tan eficiente como todos lo percibían. Sí, es probable que envíe y reciba la solicitud más rápido, pero si lo hace a la misma velocidad. También te dio un problema adicional; más gente. Al recibir el correo más rápido, usted recibe más solicitudes más rápido. Por lo tanto, en lugar de 50 solicitantes en una sola semana, es posible que haya llegado a un centenar.

Entonces, usted tiene más clientes, pero está perdiendo casi el doble de tiempo. Está perdiendo 17 horas solo leyendo el correo. Ahora, esa puede no haber sido la experiencia para todos los agentes de bienes raíces, con algunos siendo peores y otros mejores, pero es un ejemplo. Esto pone de manifiesto un problema enorme.

El problema es que simplemente no hay suficiente tiempo para ver la solicitud de todos en una sola semana.

Esta es la razón por la cual, aunque la comunicación de esa aplicación ha sido más rápida, pasar por esa aplicación no ha mejorado realmente hasta hace poco. Esto se debe a que la inteligencia artificial se puede utilizar para clasificar esas aplicaciones.

La inteligencia artificial le permite seleccionar parámetros para lo que ve en sus aplicaciones. Por ejemplo, si desea personas con un cierto nivel de ingresos para casas específicas, la inteligencia artificial puede clasificar el correo electrónico. Usted simplemente solicita el ingreso anual cuando intentan comprar una casa. La inteligencia artificial revisa todos los correos electrónicos y asocia esos ingresos a la casa para ver si cumple con los requisitos. Si no es así, el solicitante es filtrado automáticamente o se coloca en una carpeta separada para su posterior consulta.

Como puede ver, esto le permite clasificar automáticamente los candidatos que habría rechazado de forma natural. Por lo tanto, es probable que haya visto 100 correos electrónicos al día que se redujeron a unos 20. Esto ahorra una cantidad significativa de tiempo, especialmente porque se clasifica automáticamente para usted por los mejores candidatos.

Agentes de filtros de Inteligencia Artificial

Saber que usted está recibiendo los mejores candidatos para sus casas no significa que usted va a obtener las mejores ventas. Después de todo, la inteligencia artificial no ha llegado a un nivel en el que pueda vender la casa. Definitivamente puede vender la casa con inteligencia artificial, pero no sacará el máximo provecho de ella. La razón es que la inteligencia artificial elige el valor óptimo para la casa. Los agentes de bienes raíces buscan el número más alto. Eso significa que mientras que la casa se basa en alguna realidad, el precio no necesariamente coincide.

Sin embargo, si su inteligencia artificial crea un informe de personalidad de su consumidor, usted puede tener el agente de bienes raíces más óptimo. Cuando tiene una inteligencia artificial como una conversación de *chatbot* con un cliente, éste revela un poco de su personalidad. Normalmente, cuando usted pide objetivos de vida o el trabajo que ellos hacen, ellos lo acompañan con descripciones. Esas descripciones pueden crear suposiciones sobre el tipo de carácter que es esa persona.

Hay casos en los que sí tienes la capacidad de hacer que se hagan un test de personalidad. Sin embargo, eso es un poco más intrusivo de lo que algunas compañías quisieran. Por lo tanto, si la meta de la vida de alguien es disfrutar del tiempo con la familia y es particularmente viejo, es muy probable que preste atención a los detalles. Si la persona quiere mudarse allí solo por razones turísticas, es poco probable que preste atención a los detalles clave. Los detalles clave son los que en última instancia deciden hasta dónde puede llegar el precio. Por lo tanto, si una persona mayor está buscando en el mercado, es probable que haya tenido varias casas diferentes con beneficios. Si la persona es un turista que busca una residencia permanente, es probable que busque el lugar más fácil y más beneficioso desde el punto de vista externo. Esto significa que el agente de bienes raíces puede vender más al turista.

Hay muchas situaciones en las que te gustaría crear perfiles de personalidad sobre la marcha, pero no tendrías mucha información. Es por eso por lo que los *chatbots* son útiles porque es mucho menos intrusivo que un cuestionario de personalidad. También puede formular las preguntas de la misma manera que un agente de bienes raíces podría hacer una pregunta, lo que oculta el verdadero propósito del sistema de buzón de chat. Utilizando la inteligencia artificial, no se pierde el tiempo de su compañía evaluando la personalidad que tiene esta persona.

La Inteligencia Artificial es más rápida y puede hacer más

Por último, la inteligencia artificial es extremadamente buena para hacer las cosas realmente rápido. Puede mirar a través de cientos de registros de la historia para encontrar las mejores casas. Puede examinar los niveles de ingresos de una zona en comparación con las estadísticas de delincuencia para elegir los mejores entornos. Puede presentar pronósticos de cuánto podría valer la casa en aproximadamente un año y hacer mucho más. El punto sobre esto es que es mucho más rápido para la inteligencia artificial.

Por lo tanto, usted podría estar pensando en cómo puede fácilmente ir en línea y buscar el nivel de ingresos para el condado. Esto es bastante fácil y muchos agentes de bienes raíces lo hacen. También es posible que se esté dando cuenta de que la mayoría de los pasos son repetitivos y fáciles. Si algo es repetitivo y viene en números, puede ser hecho por la inteligencia artificial.

Digamos que su compañía tiene 10 casas a la semana para revisar. Cada casa debe tener un perfil adjunto, lo que significa calidad escolar, calidad ambiental y calidad de la estructura. La calidad del medio ambiente se divide en estadísticas de delitos, disponibilidad de empleo y disponibilidad de conveniencia. La calidad de la estructura se divide en evaluaciones, valoraciones y mejoras. Todo esto lleva tiempo y casi siempre sigue los mismos pasos. La inteligencia artificial puede hacer todo esto. Si usted está pasando alrededor de una semana de trabajo solo para mantener esto, usted puede poner una inteligencia artificial a la tarea. Aquí es donde usted puede minimizar la cantidad de trabajo realizado por los seres humanos, ahorrándole así dinero.

Dónde minimizar el trabajo

A petición

La primera forma de minimizar el trabajo con la inteligencia artificial es en el proceso de solicitud. El proceso de solicitud es el más lento de todos los procesos en términos de trabajo a granel. Es posible que tenga que esperar un poco más con las verificaciones de antecedentes y los informes de crédito, pero la solicitud es la que más tarda físicamente.

La primera ventaja es que podemos tener estas aplicaciones en línea. Eso significa que alguien va a un sitio web y rellena su información para presentar la solicitud. Esto ahorra un montón de tiempo porque solía ser que envió su solicitud por correo, a veces todavía lo hace.

La segunda ventaja es que estas aplicaciones se almacenan a menudo como correo electrónico. Esto ha funcionado bien durante mucho tiempo, pero examinar esas aplicaciones lleva mucho tiempo. Por lo tanto, aunque no tenemos que esperar el correo postal, todavía perdemos mucho tiempo durante el proceso de revisión. Aquí es donde la inteligencia artificial puede minimizar el trabajo. La inteligencia artificial puede tomar la solicitud, revisarla y ordenarla. Esto significa que los clientes escuchan casi instantáneamente si están precalificados.

Además, la inteligencia artificial puede tomar lo que hay dentro de la aplicación y usarlo para encontrar casas disponibles. Esto significaría que la inteligencia artificial le proporciona casas junto con las aplicaciones actuales. Además de esto, la inteligencia artificial puede enviar verificaciones de antecedentes e informes de crédito. Dado que la mayor parte de la información en una solicitud es la misma información sobre verificación de antecedentes e informes crediticios, esa información puede reutilizarse.

Esto significa que un cliente puede solicitar, pagar una cuota y usted recibe todo lo que necesita sin tener que revisar nada manualmente. Usted obtiene la verificación de antecedentes, el informe de crédito, la solicitud y las casas con las que esta persona puede participar en una transacción. Esto le ahorra mucho tiempo a un agente de bienes raíces. Sin embargo, hay otros aspectos de la transacción en los que se puede ahorrar tiempo.

Entrevista inicial

Aquí es donde entra en juego la entrevista inicial porque una vez que toda la información está disponible, es el momento de reunirse con el cliente. El problema es que esto es más una entrevista introductoria que otra cosa. La mayoría de los agentes de bienes raíces tienen un trasunto de las preguntas que quieren hacer a sus clientes potenciales. Esto significa que van a hacer las mismas preguntas a todos los clientes y que solo algunos de ellos tendrán preguntas adicionales debido a ciertos elementos.

Un sistema de *chatbot* artificialmente inteligente puede manejar esta entrevista para usted. De hecho, justo después de poner en su solicitud, pueden continuar directamente en una caja de chat. Este cuadro de chat le hará las preguntas que planea hacerles. Del mismo modo, el cliente potencial puede hacer las preguntas más frecuentes en el chat. Esto le ahorra el tiempo de tener la entrevista inicial y el tiempo utilizado para hacer preguntas.

Además de ahorrar tiempo durante la entrevista inicial, esta área puede ser optimizada para incluir reportes de personalidad. Los informes de personalidad le proporcionan una forma de averiguar cómo venderle a la persona. La mitad de la batalla de vender un producto es venderse a sí mismo a la persona que está vendiendo el producto también. Por lo tanto, la mayor parte de la venta se basa en la forma en que usted puede averiguar su personalidad para averiguar lo que quieren. Esto se debe a que así es como se realizan la mayoría de las ventas, independientemente de los números que se encuentren frente a una persona.

Una persona podría muy bien que quiere comprar una casa menos costosa, pero usted podría convencerla de lo contrario. Usted podría decirles que la casa menos costosa tiene problemas con ella. También podría decirles que la casa menos costosa no está en un vecindario seguro si tienen hijos. Estos son rasgos de personalidad que pueden manipularse para garantizar que la mayor parte del tiempo se obtenga un precio más alto con cada transacción.

Organización de reuniones con potenciales

Por lo tanto, usted ha seleccionado a sus candidatos, ellos han elegido las casas, y ahora es el momento de organizar reuniones. Bueno, la inteligencia artificial también puede manejar esto. Antes, si tenías demasiados clientes, contratabas a una secretaria para que se encargara de las reuniones. Ahora, puede tener inteligencia artificial arreglando las reuniones para usted.

Simplemente le das a la inteligencia artificial la rutina estándar que sigues. Añada cualquier elemento que necesite hacer además de esa reunión. Entonces la inteligencia artificial toma todos los horarios y proporciona al cliente las horas disponibles para tener la reunión. No es necesario interactuar con el cliente y todo se puede hacer con un *chatbot*.

No solo eso, sino que también puede hacer que la inteligencia artificial reprograme las reuniones. Si tiene que insertar algo u otra reunión que ha llevado demasiado tiempo, es una pulsación de botón para reprogramar. El *chatbot* se pone en contacto con el cliente y renegocia una nueva hora de reunión con él.

Papeleo y archivo automático

Digamos que finalmente terminas de llevar a tu cliente a la casa, ¿qué pasa con el papeleo? Bueno, la inteligencia artificial también puede ayudar con esto. La mayoría de los acuerdos que vienen con las agencias inmobiliarias son repetitivos en la práctica. Usted tiene una parte que está comprando, una parte que está vendiendo y una parte que actúa como intermediario. Esto significa que puedes activar la inteligencia artificial.

También conocidos como contratos inteligentes, que no deben confundirse con los contratos realizados con cadenas de bloqueo, estos contratos son desarrollados por la inteligencia artificial. Por lo tanto, usted simplemente introduce la información del cliente haciendo clic en su perfil. Usted hace clic en el vendedor de la casa. A continuación, se autogenerará un contrato basado en los detalles de la casa. Usted, por supuesto, revisa el contrato para asegurarse de que es un contrato que se ajusta a sus necesidades.

Esto es muy importante porque los contratos pueden ser formateados por abogados o especialmente adaptados. No hace falta decir que estos contratos suelen requerir el costo de un abogado. Contratar a un abogado para cada contrato que usted necesita no es lo ideal. Al hacer que la inteligencia artificial genere automáticamente el contrato, usted ahorra tiempo y dinero. Usted puede enviar el contrato a quien necesite firmarlo. Incluso puede hacerlo desde su teléfono en la mayoría de los casos.

Por qué vale la pena invertir en este contexto

Todavía es un **contexto** pequeño

El beneficio de todo lo que estamos hablando aquí es que sigue siendo un mercado relativamente pequeño. No hay mucha gente en este mercado porque no recibe mucha notoriedad. El mercado de bienes raíces ha tenido un avance muy lento en lo que se refiere a la tecnología.

Esto significa que hay muchas oportunidades para crecer porque los agentes de bienes raíces a menudo aman estas herramientas. La mejor parte es que usted puede ayudar a otra industria en el proceso. Hay muchos programadores Junior que se quedan sin trabajo porque la mayoría de los puestos de programación necesitan un nivel más alto. Sin embargo, muchas de estas aplicaciones son algo que un programador de bajo nivel puede manejar.

El programa artificial necesario para ejecutar la caja de chat y el sistema de filtrado puede ser manejado por los primeros programadores. Esto significa que usted puede contratarlos a precios más bajos de lo esperado y aun así recibir un producto adecuado. Por lo tanto, no solo puede utilizar estas herramientas usted mismo, sino que, si las fabrica, también puede venderlas rápidamente.

Es útil y ahorra tiempo

La razón por la que esta es una oportunidad de inversión tanto para el consumidor como para el productor es que es útil y ahorra tiempo. No requiere ninguna responsabilidad a largo plazo para comenzar porque todo lo que necesita hacer es contratar a un programador. Un programador es responsable de la inteligencia artificial, los sitios web, las aplicaciones e incluso el diseño del producto, si tiene uno. Esto abre la oportunidad no solo para una industria perjudicial, sino también para una nueva industria.

Me imagino que la nueva industria estaría debajo de Mantenimiento de Alojamiento y comida o algo similar. Se trata de puestos en los que el personal de mantenimiento se combina con profesionales de IT. Por lo tanto, ya que una vez que se hace la solicitud y todo lo que necesita hacer es mantenerla, se convierte en un trabajo dos en uno. De hecho, la mayoría de los agentes de bienes raíces contrataron a alguien para hacer su sitio web y ahora pueden volver a contratar a esa persona para hacer esto. Eso no significa necesariamente que usted necesita contratar a alguien para hacer esto porque hay productos, pero esta es una oportunidad para vender un producto con una barra de entrada baja.

Es perfecto en este momento porque es útil, ahorra tiempo y es relativamente nuevo. Ser relativamente nuevo significa que no hay mucho que hacer para convertirse en un producto vendible. Por ejemplo, el simple hecho de proporcionar una plataforma en la que los correos electrónicos son filtrados por la inteligencia artificial y luego clasificados es un producto vendible. Crear una aplicación que le permita expandir la seguridad (cámaras de reconocimiento facial) es un producto vendible. Tampoco es tan difícil como parece.

Hay una gran cantidad de documentación sobre reconocimiento facial y muchas empresas que alquilan el servicio. Usted simplemente combina eso con un programa de monitoreo que mira todas las diferentes cámaras y usted tiene un producto. Es un producto muy fácil de hacer, pero nadie lo está haciendo porque no hay mucha atención. Usted proporciona trabajos para programadores, personal de mantenimiento y es capaz de vender propiedades inmobiliarias más rápido.

Crecimiento duradero y sostenible

Lo bueno de esto es que una vez que la aplicación está en funcionamiento, normalmente no requiere muchos costes para seguir funcionando. Si lo piensas, es posible que tengas que contratar a un promotor durante un par de meses. Es probable que el costo sea de unos 10.000 dólares. Esta es una inversión estándar cuando se hace cualquier tipo de aplicación web, así que realmente no es tanto. Una vez que se hace la solicitud, no solo se puede utilizar, sino que también se puede vender. Puede tener cuentas de usuario, suscripciones limitadas y ofrecerlo como un servicio.

El costo de mantenimiento de un sitio web de este tipo es relativamente bajo. Es relativamente bajo dependiendo de cómo se construya. Sin embargo, no se intercambian tantos datos, por lo que no consumirá tanto espacio en el sistema como lo hacen los vídeos. La inteligencia artificial funcionaría en el servidor, así que el servidor podría necesitar ser un poco fornido, pero no al principio. Especialmente si usted está alquilando inteligencia artificial de alguien como Google. Entonces, lo que tiene es una factura mensual por el servidor, una factura anual por la dirección web, y una inversión en un programador por un par de meses.

Después de eso, usted solo tiene una factura por el servidor y una factura anual por el sitio web. El costo del funcionamiento del sitio web probablemente le costaría entre $50 y $100. Sin embargo, si lo vende como un servicio, es probable que gane unos $20 por cliente. Tal vez más dependiendo de la eficacia de su software. Su mantenimiento no solo es pagado por un puñado de clientes, sino que está obteniendo beneficios de un producto relativamente pequeño. Esto significa que con el tiempo usted puede agregar las adiciones que desee y luego pasar el costo de hacer esas adiciones a su cliente. Por lo tanto, usted obtiene un mejor producto para sí mismo que luego es reembolsado por el cliente.

Debido a que el costo es tan bajo, casi cualquier persona puede hacerlo si ya está en el negocio de bienes raíces. Esto se debe a que $10,000 no es prácticamente nada cuando se trata de invertir en bienes raíces.

Rex

Rex es una Inteligencia Artificial que se dedica principalmente al auto ensamblaje. Rex está tan cerca de la Inteligencia Artificial General como lo hemos logrado hasta ahora. La Inteligencia Artificial general toma el nombre de las computadoras originales en el pasado. Al principio, los ordenadores tenían la tarea de hacer una cosa y solo una cosa. Quizás la mejor máquina para representar esto es la computadora que rompió el Enigma de Hitler, la máquina responsable de encriptar los mensajes. Esta máquina no podía jugar videojuegos, ni siquiera podía hacer matemáticas básicas. Era una máquina de un solo propósito, girar a través de las letras más rápido que un humano para descifrar los mensajes.

A los humanos les llevó un par de décadas y partes más pequeñas juntar las tareas. Es entonces cuando los ordenadores que a menudo conocemos como esos grandes y caros que solían utilizarse como negocios. Usted haría un programa perforando agujeros en hojas de papel. Eventualmente, se consolidó en el uso de máquinas de escribir para traducir el lenguaje natural (como un bucle) a algo que la máquina pudiera entender. A medida que salieron más piezas y se adoptaron mejores esquemas de codificación, empezamos a ver computadoras del tamaño de los servidores actuales, luego computadoras de escritorio y, finalmente, computadoras portátiles. Ahora que hemos estado haciendo esto durante ½ por una década, tenemos computadoras en nuestros bolsillos que podrían derrotar a esa primera máquina.

La Inteligencia Artificial ha evolucionado de manera muy similar. La primera Inteligencia Artificial se construyó sobre la forma de intercepción de pendientes y a partir de ahí, la gente empezó a crear escenarios con temas de sí y no. Finalmente descubrieron que, si se combinan dos de ellos, podrían manejar diferentes escenarios. Esto sería como pasar del ordenador de un solo propósito al ordenador de tareas combinadas. Esto ha evolucionado para descomponer el lenguaje y darnos la escritura de voz, la Inteligencia Artificial en los videojuegos y todas las cosas que conocemos como IA.

Sin embargo, el hecho de que una computadora pueda hacer múltiples cosas no significa que pueda pensar por sí misma. Hay un montón de información que estoy pasando por alto cuando digo esto, pero todo lo que haces en el ordenador ha sido preprogramado antes de la entrada de usuario. Utilizamos trucos inteligentes para hacer creer a una persona que el ordenador está haciendo más de una cosa a la vez. Al igual que en la Inteligencia Artificial, teníamos un solo nodo neural, también en los ordenadores todo funcionaba con un solo núcleo. Además, con una red neuronal, creamos sistemas multinúcleo que *realmente* hacen más de una cosa a la vez. Sin embargo, el sistema operativo sigue siendo, principalmente, un proceso de núcleo único. No puede pensar por sí solo, tiene que estar preprogramado.

La Inteligencia Artificial, en general, al igual que la REX, es capaz de definir su propio proceso y piensa por sí misma. Sí, REX es la primera Inteligencia Artificial general. No porque pueda tomar decisiones por sí mismo (como muchos de los famosos robots de la Inteligencia

Artificial), sino porque puede hacerlo sin la intervención humana.

REX, la compañía de bienes raíces, por otro lado, es muy similar a las compañías de las que hemos hablado antes. Podría explicar lo que hacen, pero me estaría repitiendo. Sin embargo, hacen algo diferente a los demás. Específicamente, cuando emparejan a vendedores y compradores, lo hacen al emparejarlos en otros sitios web. Por lo tanto, si un vendedor está en Zillow y un comprador está en Facebook, el algoritmo de aprendizaje automático conectará a los dos. Esto abre la venta en línea para incluir todos los sitios web populares de bienes raíces en línea en lugar de confinar a los vendedores y compradores a uno solo. Además, los agentes de REX son asalariados, lo que generalmente significa un mejor servicio al cliente.

Cómo los propietarios de bienes raíces pueden usar la INTELIGENCIA ARTIFICIAL

Una barrera de entrada

Eliminar los deudores altos

La deuda puede ser calculada por unas cuantas cosas diferentes. Puede ser una historia pasada de deudas, una línea de tiempo actual de ingresos netos, o puede ser una deuda futura como un préstamo estudiantil. Todos sabemos que es importante saber sobre la deuda para evitar que nos metamos en malos contratos.

El problema es que a la gente generalmente no le gusta dar esta información. Quieren seguir engañando a las personas para que firmen contratos, ya que es beneficioso para ellos desde el punto de vista financiero. Sin embargo, personas como esta tienen elementos comunes para ellos, como tener múltiples tarjetas de crédito e historial crediticio deficiente.

La inteligencia artificial puede mirar un informe de crédito por usted y simplemente escupir una puntuación para la persona. Por lo tanto, si la persona tiene muchas cuentas abiertas, pero todas están vacías, probablemente merecen una buena puntuación. Sin embargo, si están vacíos y hay una bancarrota en el informe de crédito, entonces probablemente merecen un puntaje bajo. Revisar y comprender un informe de crédito más allá del puntaje puede ser realizado por un humano. Sin embargo, la inteligencia artificial puede hacerlo más rápido y esto es importante. Es importante porque es probable que tenga mucho más que descifrar el informe de crédito de una sola persona.

Esto realmente depende de cuán invertido esté en los informes de crédito y en la verificación de antecedentes. A algunas personas les gusta mirar un historial de crédito de un vistazo y otras realmente se informan un poco más. La inteligencia artificial podría ahorrar tiempo a las personas a las que realmente les gusta sumergirse.

Eliminar el comportamiento riesgoso

Es muy fácil eliminar a las personas basándose en sus hábitos de fumar, sus elecciones de autos y las decisiones similares que toman. De hecho, es algo binario de esa manera.

Sin embargo, la industria de bienes raíces podría beneficiarse de una herramienta que las compañías utilizan para contratar personas. Dando a la gente una prueba de personalidad de sus propios prejuicios, usted puede evaluar si una persona va a ser una inversión de riesgo de acuerdo a sus criterios.

Todos tienen su propia manera única de decidir sus inversiones, pero por lo general, incluso si se trata de una compañía, se mira al personaje. El carácter de una compañía a menudo le dirá la probabilidad de éxito, especialmente en los fracasos.

Los agentes de bienes raíces tienen mucha influencia sobre lo que pueden hacer cuando se trata de juzgar a quién quieren vender una casa también. Esto les beneficia cuando se trata de pruebas de personalidad, que pueden realizarse en línea.

Una prueba de personalidad no solo juzga el carácter de una persona, sino que también engaña a las personas. Las compañías saben que a veces la gente miente para conseguir ese trabajo. Por lo tanto, como mecanismo defensivo, las compañías usan señuelos para atraer a la gente a elegir lo que quieren que elijan. Por ejemplo, si usted tiene un empleado que toma los frenos en secreto para fumar, ¿qué haría usted? En esta situación, una compañía le dará alrededor de cinco maneras diferentes en las que usted puede responder. Sin embargo, lo importante es que preste atención a las dos respuestas que suenan más parecidas. Uno sonará como lo que el solicitante piensa que la compañía quiere escuchar. La otra será lo que la compañía quiere que haga el solicitante.

Usted puede tener pistas falsas en una prueba de personalidad y ello ayudan a determinar si esa persona le va a mentir o no. Sabiendo el porcentaje en el que una persona es probable que le mienta, usted puede entonces eliminar ese comportamiento riesgoso de un contrato.

Este porcentaje se calcula no solo utilizando la proporción de respuestas de señuelo a las respuestas correctas a las respuestas incorrectas, sino también por otras respuestas. Habrá más de una persona que se someta a este test de personalidad. Comparando la tasa a la que se responden las respuestas de los señuelos, usted puede determinar qué candidatos son más propensos a mentirle. Usted quiere eliminar las respuestas comunes que actúan como señuelos porque eso significa que el solicitante no las ve como la respuesta "obvia" la mayor parte del tiempo. En su lugar, usted quiere prestar atención a los que en su mayoría responden usando señuelos porque esos son los que no están siendo verdaderamente honestos.

Puede hacerlo a mano, pero se encuentra en una situación en la que solo puede hacerlo para un determinado número de candidatos. Para que esta herramienta se utilice constantemente, se necesita un aprendizaje automático. El aprendizaje automático afinará las respuestas para que usted no tenga ninguna respuesta común que funcione como señuelo. El propósito del aprendizaje automático es optimizar lo que usted está tratando de lograr. Por lo tanto, el aprendizaje automático puede tomar estas pruebas de personalidad y optimizarlas para encontrar a los mentirosos más rápidamente.

Lamentablemente, el objetivo de una prueba de personalidad es encontrar a la persona más virtuosa en el papel y no contratarla. Esto se debe a que una vez que llegas a la meta final como la persona virtuosa completa, ha cumplido un carácter contradictorio e imposible que la compañía creó. En otras palabras, es el camino de la compañía de filtrado de los mentirosos de la gente genuina, así como los infractores (la concepción común de por qué se utilizan).

Procesamiento automático de los antecedentes penales

Hacer una investigación de antecedentes penales es un proceso bastante repetitivo. Además, verificar los antecedentes penales una vez que se recibe el informe es un proceso repetitivo. Casi todos los agentes de bienes raíces tienen una lista de delitos que significan que no harán negocios con esa persona. Casi todos los agentes de bienes raíces tienen un tiempo de perdón para ciertos crímenes. Por ejemplo, el robo puede ser perdonado después de tal vez una década si tienen un buen historial financiero.

La mejor parte del aprendizaje automático es que puede recordar sus acciones para definir reglas. Usted puede pasar a través de sus antecedentes penales de verificación como de costumbre con la máquina de llevar un registro de las diferencias. Una vez que tenga un tamaño de muestra de aproximadamente 50 a 100 verificaciones de antecedentes penales, puede comenzar a probar la máquina para ver si aprende cómo juzgar.

La máquina tomará todas las diferencias entre todas las aplicaciones y determinará la probabilidad de lo que elegirá. Esto significa que prestará atención a su tiempo de perdón, así como a sus crímenes imperdonables.

De este modo, puede crear un proceso automático. Este proceso incluirá la información necesaria para una verificación de antecedentes. Luego presentará esa información para obtener una verificación de antecedentes. A continuación, hará su propia estimación sobre qué perfiles es más probable que se elijan que otros perfiles. Por lo tanto, en lugar de examinar cientos de solicitudes al final de la semana, es probable que solo se trate de 20. Una vez que tenga el proceso en marcha, tal sistema, dado el ejemplo, le ahorrará tener que examinar 320 o más aplicaciones al mes. Esto ahorra cientos de horas facturables que podría utilizar en otros lugares.

La división entre lo salado y lo no salado

La mejor parte es que no tiene que deshacerse de las personas que probablemente va a negar. En lugar de tratar de encontrar a los candidatos más calificados, puede separar a los candidatos más calificados de los menos calificados. Por lo tanto, si sus candidatos más calificados no son algo con lo que pueda anunciarse, puede recurrir a los menos calificados.

Por ejemplo, si un cliente está buscando una casa que cuesta un cuarto de millón de dólares, pero usted no tiene una, podría atender a un cliente diferente. Ese cliente diferente puede que solo esté buscando una casa de 120.000 dólares, ya que es más común. Esto le permite tener un flujo constante de dinero.

También puede usar la prueba de personalidad para filtrar a las personas en su área menos calificada. Esto sería para que, si usted tiene que recurrir a los solicitantes menos calificados, usted va a obtener los fiables. Más bien, más confiables. Esencialmente, al hacer que el aprendizaje automático haga la mayor parte del trabajo por usted, usted es capaz de obtener el máximo número de clientes posible y se centra principalmente en la venta de propiedades en lugar de hacer el papeleo.

Más Inteligencia Artificial, Mayor valor

Beneficios de Nest AC

Tal vez uno de los mejores artículos para ahorrar dinero que puede obtener es un controlador de CA llamado Nest. El clima y el controlador de CA que predice lo que quieres cuando quieres. Por ejemplo, en mi casa, normalmente se queda a 76 grados Fahrenheit hasta que alguien llega a casa y luego gira a 64 grados Fahrenheit.

Esto representa un patrón repetible, pero hay algunos problemas con él. Normalmente, el proceso se lleva a cabo sin problemas. Sin embargo, hay días en los que el aire se olvida por completo. Esto significa que en lugar de pagar por una casa que tiene temperatura ambiente en cuanto al exterior, ahora me veo obligado a pagar por algo 12 grados más frío.

La razón por la que mencioné Nest es que hace algo que muchos de los otros no hacen. Nido aprende los hábitos de los residentes. Creo que hay un programador, pero Nest aprenderá las horas en las que comúnmente se cambian las temperaturas; y las implementará de manera automatizada.

Hay algunas versiones de Nest que modificarán la cantidad de aire disperso dada la distribución de la casa. Hay algunas otras versiones de la Nest que solo se enfriará áreas específicas en la casa. Por ejemplo, cuando baje la temperatura en mi casa o porque otra persona que prefiere temperaturas más bajas está llegando a mi casa. Tienen una habitación específica en la que pasan la mayor parte del tiempo, lo que significa que, si quisiera, podría enfriar solo esa habitación.

Este es un gran punto de venta para muchos futuros clientes y solo supone una inversión de aproximadamente $ 200. La unidad en sí misma suele costar unos 200 dólares en el momento de escribir este libro. Sin embargo, puede ahorrarle a su inquilino cientos de dólares a lo largo de los años. Esto se debe a que hace un enfriamiento gradual en lugar de un enfriamiento forzado. En una unidad de CA normal, cuando usted cambia la temperatura, los está forzando a un ambiente más caliente. Esto requiere mucha energía.

Nest mide la temperatura promedio y obtiene un pronóstico del tiempo para la casa. Según esa información, elige el momento óptimo para comenzar a enfriarse. Esto ahorra enormes cantidades de electricidad dependiendo de cuán inestable sea el clima. Esto se convierte en un punto de publicidad.

"Control automático de CA para ayudarle a ahorrar dinero en su factura de electricidad! ¡Vengan a alquilar con [compañía] hoy!"

No solo esto, sino que, si la factura de electricidad de su cliente es parte del alquiler porque usted posee un complejo, se convierte en una historia diferente. En tal caso, usted puede cobrar una tarifa por defecto por la energía eléctrica basada en las unidades de CA que compre. Como muchas personas tienden a conformarse con un poco más de frío de lo que es afuera en promedio, usted puede ganar dinero extra. Esto se hace preguntando por sus horas de trabajo. A continuación, se pregunta cómo les gusta generalmente la temperatura como. A continuación, se establece la temperatura para ellos en función de sus horas de trabajo para que tengan la temperatura óptima en casa, mientras que usted ahorra dinero durante el día.

Cámaras Inteligentes AI

Tenemos reconocimiento facial en nuestro teléfono hoy en día. Lo que pocos parecen darse cuenta es que hay mecanismos de bloqueo que funcionan como una cámara de seguridad en el mercado. En un sistema de este tipo, se escanea una cara y eso se convierte en su clave. Esto le permite tener más seguridad en las llaves de las habitaciones de su inquilino, pero también más seguridad entre habitaciones. Cada cámara podría ser asignada para reconocer al inquilino y a usted mismo (tal vez a algún miembro del personal) para que todos los que deberían tener acceso tengan acceso.

Ahora, cuando alguien más quiere entrar en un apartamento, debe conseguir una llave temporal. Esta llave temporal puede tener una fecha límite digital para asegurarse de que nadie reciba una llave que se supone que no debe tener. Los ladrones ahora serán capturados en el acto en la cámara de seguridad desde el primer momento y si muestran sus caras, pueden ser reconocidos por la Inteligencia Artificial. Si es un inquilino local, puede registrarse en el sistema. Si se trata de una persona de mantenimiento que robó algo mientras trabajaba, su acceso a ese lugar se almacenará a través de la cámara. Si no es nadie local, entonces tienes cámaras que toman una foto del vehículo que huye, así como una foto para que la policía la use.

La mejor parte es que tal inversión es una inversión que mejora con el tiempo. No solo eso, sino que usted puede ponerlo como un honorario de seguridad como parte de la renta. Las probabilidades son que, como la tecnología de reconocimiento facial va a tener un costo mensual. Usted puede pasar ese costo a los inquilinos como un cargo separado o mantenerlo como parte de la renta y simplemente decir que la seguridad es parte de la renta. Esto le permite realizar la inversión, ahorrar dinero en la inversión y mejorar la seguridad de su complejo mientras crea un punto de publicidad.

No se trata solo de tecnología para complejos de apartamentos, sino también para casas. Tener reconocimiento facial para una casa significa que un niño pequeño no será excluido de su casa y no tendrá que preocuparse por perder una llave. Tener una cámara que funciona como llave y como cámara de seguridad tiene muchos beneficios en muchas aplicaciones para bienes raíces.

Inquilinos atraídos por Live-in Tech

Si usted dice que tiene un Internet de las cosas de la residencia, es un incentivo natural.

A las personas les encantan las cosas que les hacen la vida más fácil, pero a menudo no pueden permitírselas. Si se combinan los precios actuales al momento de escribir este libro de Alexa, Nest, cámaras de Internet, enchufes inteligentes, luces y electrodomésticos inteligentes, es probable que se esté ante una inversión de alrededor de $ 10,000. Sin embargo, si usted está vendiendo una casa, esta puede ser una edición extra por $30,000. Sin embargo, el verdadero incentivo viene con el alquiler de bienes raíces.

Con el alquiler de un inmueble, estas inversiones justifican el alquiler normalmente irrazonable. Permitir que un consumidor se instale con estos electrodomésticos de Internet le ahorrará dinero. Usted puede entonces tomar ese dinero como renta adicional. Por lo tanto, las luces inteligentes, los enchufes inteligentes, Nest y los electrodomésticos inteligentes ahorran electricidad. Ahorran mucho en electricidad, lo que significa que el dinero de esa electricidad puede destinarse a un alquiler adicional. Si alquilar un apartamento en su lugar cuesta

$800 al mes más servicios públicos, puede justificar $1,000 al mes más servicios públicos. Esencialmente, siempre y cuando usted agregue entre $300 y $500 a la renta actual, usted habrá pagado esta inversión en 3 años y la tendrá permanentemente con mejoras.

Como se mencionó anteriormente, si usted tiene un sistema de seguridad inteligente, ahora también puede cobrar por ello. Además, un sistema de seguridad inteligente siempre recibirá mejoras para mejorar la seguridad.

La Inteligencia Artificial lleva un registro de las claves

Si no desea seguir el camino del uso del reconocimiento facial como clave, puede tener teclas inteligentes. En lugar de tener una llave en un anillo, esta llave puede reemplazarse fácilmente y ser aún más segura. Los chips RFID han mejorado a lo largo de los años y las teclas inteligentes ahora pueden permitir que las personas accedan a más de una habitación.

Por lo tanto, si realmente desea obtener algo de dinero de sus bienes raíces, puede comenzar a monetizar sus servicios inmobiliarios. Si su propiedad cuenta con un gimnasio, la llave inteligente le permitirá el acceso por una cuota. Si hay una piscina, hay una cuota. Incluso puedes enloquecer con ello configurando suscripciones para que la gente no pague cuotas individuales y tengan una cierta cantidad de veces que puedan hacer cosas.

Esto puede ser usado para crear incentivos de la gente de mantenimiento que trabaja en su lugar. Si usted tiene una piscina o una sala de juegos, puede decir que la persona que limpie la mayor cantidad de habitaciones recibirá un permiso gratis para entrar. Esto crea un sistema de recompensa donde su personal de mantenimiento trabaja lo más duro posible para obtener la recompensa. Esto también le permite filtrar a la gente de mantenimiento que quiere hacer lo mínimo.

Hay muchas cosas que puedes hacer con una casa inteligente y un ecosistema de Internet. Estos sistemas atraen a la gente porque son artículos que la gente normal no compra todos los días. También los seduce para que se queden más tiempo porque tal vez no tienen el alquiler más barato de la ciudad, pero sí los ahorra en electricidad debido a estos aparatos. Por lo tanto, usted puede cobrar $200 más que el alquiler promedio, pero su inquilino paga $60 en electricidad en comparación con los $150 anteriores. Crea un sistema en el que es difícil justificar financieramente la salida.

Mantenerse se vuelve más fácil

Las Roombas del Mundo

No sucede muy a menudo, pero hay algunos inquilinos bastante desagradables por ahí. Había una pareja que alquiló un apartamento una vez y para cuando se fueron, todo el apartamento estaba cubierto de cucarachas. Esto se debía a que nunca se molestarían en barrer o aspirar el apartamento. Tenían todos los mostradores limpios, todos los muebles limpios, las paredes estaban bien, pero no tenían herramientas para limpiar el piso. Nunca se molestaron en obtener esas herramientas tampoco, así que cuando se fueron, fue una desagradable sorpresa.

Confiar en que los inquilinos mantengan el apartamento limpio no es un hábito que a algunos propietarios les gusta mantener. Sin embargo, con el costo asociado con la contratación de un equipo de limpieza, muchos no pueden permitírselo y tienen alquileres razonables. Sin embargo, la inteligencia artificial puede volver a intervenir con los fantásticos Roombas. Un Roomba es un aspirador robótico.

Un Roomba puede aspirar en la alfombra y el piso del azulejo. Utiliza varios tipos diferentes de sensores para asegurar que no se atasque y que aspire todo. La inversión es de aproximadamente $200 a $300. Compare esta inversión con la casa llena de cucarachas y el regreso a las condiciones de vida fue de casi $1,000. Esta inversión muy simple puede ahorrarle mucho dinero con los alquileres y puede ser una característica publicitaria.

Reconocimiento de cosas innecesarias

Otra característica que viene con el Roomba es el número de veces que encuentra un poco de suciedad. Lleva un registro del número de veces que debe limpiar algo, lo que significa que es una cantidad mensurable. Esta cantidad medible puede informarle si necesita vigilar a ciertos inquilinos dentro de su propiedad.

Por lo tanto, si alguien se está ensuciando, es probable que vea cientos de eventos de suciedad cada semana. Esto significa que no están limpiando después de sí mismos y están dejando caer muchas migajas en el suelo. Además de esto, también registra cuando se pega a los objetos. Por lo tanto, si tienden a dejar su ropa alrededor u otros artículos, se atascará e informará de ello. Todos estos son elementos mensurables que le ayudarán a monitorear aquellos que no hacen un buen trabajo de mantenerse limpio. Todo esto es para evitar que su casa se convierta en un refugio infestado de insectos.

Monitoreo de mantenimiento flexible

En lugar de contratar un equipo de limpieza todos los días para mantener el mantenimiento básico, estos dispositivos le permiten asignar ese tiempo a tal vez un fin de semana. Quizás cada lunes un equipo de limpieza viene a hacer un trabajo mejor que el de Roomba. El caso más probable es que ni siquiera tenga que molestarse con un equipo de limpieza, sino con una sola persona que ande por ahí. Esta persona se encargaría de mantener el mantenimiento de los Roombas e inspeccionar las casas o apartamentos.

Lo que esto hace es que le permite la capacidad, nunca antes obtenida, de monitorear el mantenimiento de manera flexible. Al saber qué casas son casas problemáticas, usted puede comenzar el proceso de desalojo de aquellos inquilinos que no obtienen mejores hábitos. Además de esto, los problemas con las casas interiores se vuelven más frecuentes mucho más rápido. Esto se debe a que hay alguien que va a las casas cuando los Roombas pues pueden tener dificultades con la ropa o con una fuga.

Detección de fugas más rápida

Además de los insectos, el otro gran problema que ocurre en los alquileres es una fuga. Por ejemplo, recuerdo una casa adosada específica que tenía un busto con calentador de agua. La pared a lo largo de la parte trasera del calentador de agua tenía un fondo hueco. Esto significa que cuando el calentador de agua se rompió, el agua pasó de la habitación del calentador de agua al baño del otro lado y al lavadero. Además, las baldosas de la sala de estar se elevaron un buen pie por encima del resto de las baldosas.

Afortunadamente, los inquilinos lo detectaron rápidamente y se evitó una gran cantidad de daños. Sin embargo, si los inquilinos no estaban en casa en el momento en que ocurrió la fuga, el daño que podría haber ocurrido es incalculable. Hay una manera de detectar cuando hay fugas y es a través de las tuberías de agua. Las tuberías de agua tienen un nivel constante de presión en ellas para no romperse. Por lo tanto, la manera más fácil de detectar una fuga es detectar si hay menos presión de lo normal.

Sin embargo, hay varios lugares que necesitan monitoreo adicional. Cualquier lavadero necesita un sensor adicional porque el agua entra y sale de esos lugares. Por lo tanto, se necesita un sensor de humedad debajo de los fregaderos y un sensor de presión en el calentador de agua. Estos pueden conectarse de forma inalámbrica a una aplicación de monitorización que funciona con inteligencia artificial. Cada vez que los sensores están fuera del rango normal, la inteligencia artificial puede notificarle a usted y a los inquilinos. Los inquilinos pueden entonces inspeccionar el problema si están disponibles. Usted puede prevenir cantidades potencialmente horribles de daños a sus bienes raíces.

Reducción de daños

La seguridad disminuye los robos y daños a la propiedad

Uno de los puntos obvios cuando se trata de reducir la cantidad de dinero que causa una propiedad son los robos. Mientras que los robos no son necesariamente algo en lo que la persona promedio piensa, usted debe pensar en ello cuando trate con propiedades inmobiliarias.

Los robos tienden a ocurrir debido a una regla solitaria; es fácil entrar en la casa.

Si usted tiene una simple cerradura de puerta que impide que la gente entre a su casa, es como no tener ninguna seguridad. Usted puede ir a una tienda en línea y puede obtener una llave falsa que, siempre y cuando siga algunos pasos, un ladrón puede entrar fácilmente en una casa. Sin embargo, si usted tiene una llave inteligente que tiene un chip en ella, esa técnica ya no funciona. Si usted tiene cámaras de seguridad con reconocimiento facial como sus dientes, ni siquiera necesita una manija de puerta en primer lugar. Aunque, podría ser ideal en situaciones de emergencia. Situaciones como el apagón o el mal funcionamiento de la cámara. La seguridad es lo que evita que el robo promedio tenga lugar por primera vez.

La seguridad no tiene que ser tan avanzada, solo tiene que ser obvia. De hecho, la mayoría de los robos se detienen simplemente teniendo una cámara falsa a plena vista que parece una cámara real. Sin embargo, hay formas de detectar si una cámara está encendida o apagada. Esto se debe principalmente a la negligencia del usuario porque no queremos molestarnos en comprobar la televisión si podemos ver una luz en la cámara.

Hubo mejoras en las cámaras, pero un problema masivo son las cámaras inalámbricas. Las cámaras más avanzadas siguen funcionando con conexiones por cable o inalámbricas. Los dispositivos inalámbricos siempre envían una señal y esto significa que, si tiene dispositivos inalámbricos, pueden ser detectados. Dependiendo de la frecuencia con la que actualice su firmware, también pueden ser pirateados.

Hay muchos problemas técnicos con las cámaras porque están hechas de tecnología y se han producido mejoras en ambos lados. Cada vez que usted hace una mejor cámara, un criminal eventualmente descubre cómo engañar a esa cámara. Sin embargo, hay un punto clave que usted debe entender.

El criminal que puede engañar a esa cámara a menudo no se va a molestar en saquear el lugar. Esto se debe a que, si pueden entrar fácilmente en un lugar, tratarán de ir a ese lugar. Cuanto más fácil es entrar en un lugar, más tentador es. Por lo tanto, si se muestran las cámaras, casi el 50% de las personas que habrían saqueado el lugar lo evitan. Si usted pone una cerradura de llave digital en la puerta o una cerradura inteligente, se deshace de otro 25%. Si se colocan ventanas reforzadas, se elimina otro porcentaje. Cada mejora que usted hace en un lugar en términos de seguridad se traduce en menos personas que miran para saquear el lugar.

Por lo tanto, existe un incentivo para aumentar la seguridad al máximo, pero no volverse loco. Una casa estándar no necesita una puerta de acero en caso de emergencia. Simplemente necesitan tener un sistema en su lugar que hace muy difícil tanto entrar como escapar. Al tener un sistema de este tipo, evita robos y, por lo tanto, evita daños a la propiedad.

La seguridad ayuda a atrapar a los responsables

Para aumentar aún más la necesidad de seguridad, uno de los otros elementos con los que Smart Security le ayuda es probar la identidad de las partes responsables. Incluso los ladrones tienen teléfonos inteligentes, ya que se conectan accidentalmente a una red inalámbrica. Al tener un sistema de seguridad en su lugar que es inteligente, incluso si una persona interrumpe la alarma, puede sonar. Esto se debe a que los sistemas de seguridad creados para reconocer a las personas también reconocen los teléfonos (y otros elementos) para que pueda comenzar a reconocer a los extraños en la casa. En una casa inteligente, cuando un extraño entra en la casa por una ventana, es probable que no sea amistoso. Si eligen cerrar la puerta, probablemente no sean amigables. Estas son situaciones fáciles que las máquinas pueden ver y encender la alarma.

Sin embargo, estos sistemas de seguridad pueden hacer algo que los sistemas de seguridad anteriores no podían hacer. Todo lo que acabo de mencionar, desde extraños entrando a la casa, pasando por la ventana, hasta extraños abriendo las cerraduras, puede ser detectado por dispositivos básicos. Los sensores de movimiento, las cerraduras a prueba de manipulaciones y los selladores de ventanas de ruedas son artículos del mundo real. Lo que hace una casa inteligente es enviarle al dueño un mensaje de que algo extraño está ocurriendo. El propietario abre entonces una aplicación para ver la casa.

Si hay alguien en la casa que se supone que no debe estar en la casa, entonces el dueño puede presionar el botón para marcar el 911. Esto significa que no se activará ninguna alarma para advertir al delincuente de que se está activando una alarma y que la policía está en camino. Parte del problema con la seguridad a la antigua es que advierte al criminal que tiene una cantidad de tiempo limitada. Esto significa que el criminal puede planear su fuga y si conoce el tiempo de respuesta promedio de los agentes de policía, por lo general saldrán impunes. Si no saben que está sonando una alarma, la policía aparecerá mientras todavía están tratando de robar cosas. Esto mejora significativamente la capacidad de atrapar a las partes responsables cuando se trata de robar.

La seguridad demuestra inquilinos responsables

La seguridad prueba muchas cosas con los delincuentes, pero también prueba la evidencia en casos contra inquilinos. Muy a menudo, los inquilinos intentan decir que el daño ya estaba allí o que el daño no era responsabilidad de ellos mismos. Por ejemplo, si un inquilino cae accidentalmente contra la pared y le hace un agujero, pero luego lo cubre con masilla, solo el inquilino sabe lo que realmente sucedió. Como parece una reparación a medias, ninguna compañía puede respaldar al propietario del inmueble cuando acusa al inquilino de causar daños.

Al tener cámaras de seguridad en el hogar bajo el pretexto de mantener a las personas en el hogar seguras, usted puede probar que alguien fue responsable. Por lo tanto, cuando se trata de argumentos sobre quién hizo qué daño, es obvio que un inquilino no puede luchar contra él porque tiene pruebas. No solo tiene evidencia, sino que tiene pruebas en video de lo que hicieron. Esto evitaría muchas situaciones donde el daño fue causado por muchas personas.

Digamos que algunos niños decidieron ser niños y rompieron la tubería de agua en la casa, causando mucho daño por el agua. En una casa que no tiene un sistema de seguridad, esto causa un problema porque la bicicleta podría haberse roto sola. Hay maneras de probar que la pipa se rompió debido a algo diferente a la pipa, pero no hay manera de probar que los niños lo hicieron o que la familia fue responsable. Al contar con un sistema de seguridad que registra todo e incluso le avisa cuando algo le ha ocurrido al medio ambiente, ahora puede tener pruebas. Además, si decide tener sensores ambientales en la casa, puede detectar problemas de humedad y otros elementos relacionados muy pronto.

La monitorización de CA y el mantenimiento mantiene el valor

La seguridad es un gran problema cuando se trata de casas y apartamentos residenciales. A muchas personas les gusta la idea de que viven en un lugar muy seguro, que se les puede proporcionar fácilmente. Sin embargo, también puede añadir más seguridad para reducir el costo de las reparaciones. Las grabaciones de seguridad detectarán los daños que se hayan producido en la casa. Los sensores de humedad y los filtros de oxígeno con sensores en su interior detectarán problemas de gas, agua y calidad del aire.

Los filtros de oxígeno con sensores en ellos que permiten la detección de problemas de gas previenen incendios. Los sensores de pureza del aire detectarán la humedad y la compararán con la humedad exterior para determinar si la casa es inusualmente humana. A menudo, cuando se rompe una tubería de agua dentro de la casa, el agua adicional acumula calor y éste se manifiesta en forma de humedad. No solo eso, sino que se puede añadir un sensor que detecta la cantidad de presión que pasa por las tuberías de agua de la casa. La pureza del aire le ayudaría a detectar cuándo los inquilinos están fumando y cuándo se supone que no lo están, porque eso aparecería en un informe sobre la calidad del aire.

Al tener estos sensores por todas partes y tener cámaras, reduce los costos. Sí, es costoso invertir esto en una casa, pero si está tratando de alquilar el sistema o está tratando de venderlo, agrega valor monetario. También asegura que su casa no vea una gran cantidad de daños fuera de condiciones climáticas anormales. Protege su propiedad contra el robo, el vandalismo e incluso el ataque de arsénico en algunos casos.

LA INTELIGENCIA ARTIFICIAL en la Comercialización de Bienes Inmuebles

Cómo se puede utilizar la Inteligencia Artificial para dirigirse a los clientes ideales. Haga una mención de algunos de los métodos usados en los libros anteriores; y haga un enlace al libro.

Orientación por correo electrónico

Las listas de correo electrónico son una cosa del pasado: Chatbots

Si todavía está haciendo una lista de correo electrónico, es probable que esté llegando a las generaciones más antiguas que existen. Irónicamente, el camino de la lista de correo electrónico está desapareciendo. En cambio, lo que tienes ahora es la lista de mensajería instantánea. Esta lista está en Twitter, Facebook, Instagram, y casi cualquier sitio web de medios sociales que se le ocurra. Esto se debe a que la mayoría de la generación más joven se ocupa de la mensajería instantánea y el correo electrónico no es realmente una prioridad en su lista. Dicho esto, los profesionales todavía utilizan la lista de correo electrónico, pero usted va a llegar a una audiencia mucho menor.

Por lo tanto, aunque no es ideal centrar constantemente tu atención en la lista de correo electrónico, es una buena idea mantenerlos cerca. La razón por la que el cambio ha estado pasando al mensajero instantáneo es que abre la posibilidad de un chatbot. Esencialmente, la gente utiliza el mensajero instantáneo para registrarse en tu lista de chatbot. Cada vez que usted tiene un listado de bienes raíces, usted simplemente hace estallar esto a todos los que están en la lista. Entonces lo que sucede es que la parte interesada responde.

Aquí es donde nuevos clientes o clientes potenciales se encuentran con la inteligencia artificial. El chatbot puede responderles y pedirles información. Sería muy similar al sistema de chatbot, tendrías que rellenar los detalles que podrías necesitar para venderles una casa. Por lo tanto, si están interesados en comprar una casa los hechos comunes pueden ser listados y si el cliente sigue interesado, puede conectarse directamente con ellos a través de mensajería instantánea. Esto significa que el cliente puede pasar de estar involucrado con la inteligencia artificial a estar involucrado con usted en la venta.

Siempre Manteniendo a los Clientes Comprometidos

El propósito de este chatbot es mantener un compromiso constante con su cliente. Y en una lista de correo electrónico, es muy probable que su usuario simplemente reciba cientos de correos electrónicos al día. De manera constante, incluso recibo alrededor de

100 correos electrónicos de todas las formas durante el domingo. Hay solo una cantidad con la que puede interactuar por correo electrónico y se sobrecarga rápidamente por cambios de contraseña, ofertas de sitios web comerciales y, en general, la mayor parte del correo electrónico está comprando cosas de sitios web.

Con un chatbot, ya que estás vendiendo artículos singulares como una casa, no los vas a estar enviando constantemente. En su lugar, si usted obtiene un nivel de ingresos, puede asignarlos a un rango específico de su emisión. Sin embargo, hay mucho que cubrir en este libro, así que si quieres saber más sobre ello, puedes consultar este libro aquí.

Rango de disponibilidad de compra promedio de los usuarios

Al poder colocarlos dentro de este soporte, efectivamente crea su precio promedio dispuesto. Las personas que están buscando activamente casas que le den su nivel de ingresos también pueden tener un precio de venta. Este precio puede determinar qué casas debería estar buscando realmente para vender a sus clientes. Rara vez la gente quiere comprar casas de $300,000 a $500,000. El rango más común para vender en el interior es entre $90,000 y $250,000 casas. Esto se debe a que gran parte de la población de los Estados Unidos es de clase media o pobre. Muy pocas personas viven en el nivel lo suficientemente alto como para permitirse una casa de medio millón de dólares.

Al crear este soporte y determinar su precio promedio, usted no compra accidentalmente casas que rara vez se venden. En cambio, usted comienza a recorrer las casas en bicicleta cada semana porque las vende constantemente. De hecho, el beneficio de un chatbot es que es tan fácil difundir de boca a boca. Puedes hacer que compartan un mensaje que dice que compraron una casa de tu chatbot. Como alguien confiable participó en su chatbot y lo compartió con sus amigos, esos amigos saben que usted tiene sus amigos. Mientras siga vendiendo casas para satisfacer a los clientes, la publicidad de boca en boca se vuelve instantánea.

Cómo encontrar un grupo

Embudos de ventas

Un embudo de ventas es un concepto que ha existido durante bastante tiempo, pero no el embudo de ventas artificialmente inteligente. Estos embudos toman información acerca de cuán exitosos han sido sus intentos de generar clientes y construir un perfil de lo que probablemente funcionará. Por lo tanto, digamos que usted construyó cinco páginas donde solo dos de ellas lo han hecho bien. Usted puede entonces ejecutar la Inteligencia Artificial en esto para determinar qué tan exitosa sería una nueva página y qué debe ir en esa nueva página.

Sin embargo, involucrar a los consumidores es un tema enorme y simplemente no hay suficiente espacio para hablar sobre cómo se puede usar la inteligencia artificial para involucrarse en la estrategia de mercado. Tengo un libro sobre el compromiso de la estrategia de mercado que cubre los embudos de ventas, así como otras estrategias de marketing artificialmente inteligentes que mantendrán a sus clientes comprometidos. Usted puede encontrar más información al respecto aquí.

Afiliados de Bienes Raíces

Sin embargo, hay una estrategia de la que no hablo dentro del libro y es porque esto solo se aplica a ciertos casos de uso. Verá, usted realmente quiere que el cliente se comprometa con un solo cliente en el sector inmobiliario. Esto significa que el usuario vendrá a su sitio web o servicio para comprometerse con usted a comprar una casa. Una vez que ese proceso está hecho, no estás realmente interesado en involucrarlos constantemente. Usted quiere atraerlos, y quiere que escuchen sus ofertas para que los compren, pero no necesita retener a los clientes después de que usted ya haya vendido la casa. Aquí es donde entra en juego el aprovisionamiento de afiliados.

A menudo escuchamos sobre enlaces de afiliados cuando tratamos con videos de YouTube o incluso sitios web de blogs estándar. Es otra forma de ganar dinero para estos creadores. Lo que rara vez se habla es del mercado de afiliados de bienes raíces porque es bastante pequeño, pero existe. Si usted está interesado en la venta de casas en mal estado que usted obtiene de la subasta, esta podría ser una opción para usted. Si usted está buscando mano de obra barata que siempre está en movimiento, este también puede ser un mercado para usted. Realmente depende de cómo lo uses.

Esencialmente, usted solo ofrecería pagar un porcentaje de la comisión que recibe por la venta de una casa. Por cada casa vendida, un YouTuber obtendría una cantidad de dinero para justificar poner su enlace de afiliado en su descripción. Desde usuarios de YouTube están actualmente infravalorado en este punto y que llegan a millones de personas, es más barato hacer esto que ir a una empresa de publicidad real o incluso un sitio web de Blog.

Entrar en el E-Circle de Bienes Raíces

El verdadero objetivo aquí es entrar en el Círculo de Bienes Raíces en el mundo en línea. Esto es más un concepto abstracto que una cosa oficial. El Círculo de Bienes Raíces se refiere a una reunión de personas que usan las mismas herramientas para vender múltiples casas a la vez. Es muy similar a una compañía, pero se puede utilizar la misma plataforma para vender casas. En lugar de una compañía en la que a cada uno se le asignan casas o tareas específicas, el marketing y el compromiso lo hace usted con herramientas compartidas. Esto evita que otros agentes de bienes raíces se lleven a sus clientes, pero también le permite compartir clientes dependiendo de las casas que esté vendiendo.

Digamos que está teniendo dificultades para vender una casa que vale $ 120,000. De los clientes que ha estado involucrando, buscan casas dentro de los rangos de $ 140,000 a $ 180,000. Durante semanas y semanas, usted no ha contratado a un cliente que busque un precio tan bajo. Sin embargo, debido a que usted usa una plataforma donde comparte herramientas con otros y clientes con otros, uno de los otros agentes de bienes raíces que pudo haber encontrado a alguien así puede compartir ese cliente con usted. Esto le permite vender la casa mientras se enfoca en el rango apropiado en el que se encuentra y no entorpece ese rango desde reorientar sus esfuerzos. Esto permite mejores cifras de ventas y cifras de ventas más rápidas.

LA INTELIGENCIA ARTIFICIAL en
Financiación de Inmuebles

La introducción de la Inteligencia Artificial en la financiación de propiedades es una perspectiva emocionante. Implica asegurarse de que el propietario vea a los solicitantes más adecuados para la propiedad. Mientras que el puntaje de crédito y los ingresos actuales se han utilizado tradicionalmente para medir la capacidad de un solicitante para pagarle al propietario, ignoran muchas cuestiones fundamentales como la deuda del solicitante, el límite de crédito, las perspectivas futuras de trabajo y el conocimiento de la situación. Este es un desarrollo emocionante, ya que asegura que los propietarios son capaces de conseguir los clientes que tienen más probabilidades de pagar; mientras que no impone deudas innecesarias a cualquier persona que no puede pagarlas.

Camino personal de crecimiento

El crecimiento educativo determina los ingresos

Esta es una medida fácil de establecer para su inteligencia artificial. Casi todas las personas exitosas se jactan de su educación. Por lo tanto, usted simplemente debe realizar una prueba sobre personas exitosas y su estatus educativo. Esto creará la inteligencia artificial que necesitas para juzgar a una persona por su educación.

La mayoría de los multimillonarios y millonarios dirán una cosa común. Por si acaso, digamos que una cosa común es que lean un libro todos los días. Por lo tanto, aunque no siempre se ajustan necesariamente a las prácticas educativas estándar, como ir a la universidad, aprenden constantemente. Por lo tanto, usted puede basar el éxito de una persona en la vida general por sus patrones educativos.

Los estudiantes son autosuficientes

El aspecto importante aquí en el que desea enfocar su Inteligencia Artificial es en cuánto conocimiento es institucional o autodidacta. El conocimiento institucional muestra una voluntad de proceder hacia el éxito. El conocimiento autodidacta muestra una voluntad de proceder hacia el éxito frente a la adversidad. En otras palabras, el individuo autodidacta tiene un mayor impulso comercial y basado en la ambición que la otra persona. Además de esto, también significa que son más ingeniosos que la otra persona.

Para ser autodidactas, tenían que buscar específicamente los recursos. Tuvieron que esforzarse para encontrar el material adecuado. Además de esto, es probable que chocaran con muchas más paredes que el estudiante institucional. Esto se debe a que los estudiantes autodidactas tienen el hábito de cometer más errores y ser rechazados más, lo que significa que fracasan rápidamente. Otra cosa común que los millonarios y multimillonarios comparten es que a menudo te dicen que falles rápido.

Promoción del entorno del bricolaje

La comunidad de bricolaje se ha convertido hoy en día en un gigantesco tema. Es muy difícil ir todos los días sin ver algún tipo de video de bricolaje. Puede pensar que esto es raro para usted, pero piense en cuántas veces busca cómo hacer algo en YouTube. Así es como funciona la comunidad de bricolaje.

Este es un poco más difícil de hacer y es un poco subjetivo. La forma en que haría esto es simplemente contando cuántos elementos hay en "¿cuántas cosas sabes que son bricolaje (DIY)?", Ya que esto me proporciona un valor numérico simple. Esto me daría un puntaje y luego podría dividir ese puntaje en un mapa de área. El mapa del área pondría una puntuación individualista en las palabras asociadas a trabajos relacionados.

Esto me diría cuánta gente se maquillaba a sí misma versus cuánta gente sabe cómo arreglar un calentador de agua. Un mapa de área es una colección de términos reunidos en un área en la visualización de un círculo. Estos términos están relacionados con una palabra clave específica que usted utilizó. Son una manera fácil de ver dónde una persona es muy dominante en relación con sus actividades.

Le di una pista, pero la razón por la que esto sería útil. A veces pueden arreglar el problema por sí mismos. Si usted puede conseguir a una persona que entiende mucho de bricolaje acerca de las casas, puede que lo arregle antes de llamar a alguien. Esto significa que gastarán menos dinero y serán más rentables en general.

Confiabilidad de las habilidades

A continuación, puede tomar la información que usted entiende sobre su educación y sus habilidades de bricolaje y hacer una prueba de fiabilidad de habilidades. Una prueba de fiabilidad de habilidades es simplemente encontrar el campo de trabajo más relacionado con el que sus habilidades están asociadas y ver cuántas personas ocupan ese puesto. Cuantas más personas estén en una posición específica, más probable es que esa persona pueda ser reemplazada. Esto se debe a que más gente conoce este tema y por lo tanto el trabajo es más fácil de encontrar. Usted no lo quiere demasiado bajo porque podría ser un tipo de trabajo muy especializado. Por lo tanto, usted debe encontrar el umbral correcto, algo en la inteligencia artificial haría.

Al hacer una prueba de fiabilidad de habilidades, usted determina bastantes cosas. Lo primero que usted determina es la probabilidad de cuán altos van a ser sus ingresos. Lo segundo que usted determina es lo difícil que es para ellos encontrar un trabajo en caso de ser despedidos. La tercera cosa que usted determina es si hay un camino progresivo en su campo de habilidades.

Comprender cuán altos serán sus ingresos lo ayudará a determinar qué tan alto puede ser su tasa de financiamiento en el futuro. Determinar qué tan difícil sería para ellos encontrar un trabajo dadas sus habilidades determina si van a incumplir con mayor probabilidad o no. Por último, comprender si hay un camino para la progresión en su campo le permite saber si están persiguiendo un campo basado en el "aprendizaje". Como mencioné antes, los alumnos siempre tenderán a ascender en la escala financiera.

Deuda

Pagado vs. No Pagado

Es muy importante entender si un cliente está dispuesto a pagar su deuda. La cosa número uno que usted no quiere ver como una persona que financia es un cliente que nunca parece pagar su deuda. Un informe de crédito le dirá cuántas cuentas tienen abiertas, así como qué tan completas son esas cuentas. El puntaje de crédito es un poco ambiguo, pero por lo general representa la frecuencia con la que pagan sus tarjetas de crédito.

Por lo tanto, el primer paso es casi siempre comprobar si el cliente suele pagar su deuda. Además, hay algo único en ciertos deudores. Algunos de ellos llegarán a deber mucho dinero, pero nunca se retrasarán en un pago. Seguirán llegando al límite, pero se mantendrán al día con los pagos. Este es un deudor que usted no quiere tener.

Ingresos vs. Línea de Crédito

Aquí es donde es importante entender sus ingresos totales en comparación con el monto de la línea de crédito que tienen. En realidad, una persona solo debe tener suficiente línea de crédito para recibir la mitad de su sueldo anual. Si tienen más que eso, se encuentran en una situación en la que, por mucho que trabajen, tardarán años en pagar su deuda.

En tal situación, si los financias, te encuentras con una situación en la que ellos dan prioridad a la deuda. Es probable que la suya sea la deuda a la que le dan prioridad, pero parte de su deuda es como *Care Credit*. *Care Credit* es un servicio donde la línea de crédito está específicamente dedicada a aquellos que necesitan ayuda para pagar sus cuentas médicas. Esto significa que podrían fácilmente acumular esta tarjeta de crédito sin quererlo. Si se someten a exámenes anuales como se supone que la mayoría de las personas lo hacen, esta tarjeta de crédito tendrá alrededor de $500 cada año como mínimo. Si van a la sala de emergencias, aunque sea una sola vez, ese saldo repentinamente se dispara a $2,000. No estoy diciendo que todas las visitas a la sala de emergencias serán a ese precio, pero generalmente tienden a estar dentro de ese rango. Recuerdo que hace un par de años me cobraron $500 por entrar a la sala de emergencias.

Esencialmente, si tienen más línea de crédito que ingresos, se encuentran en una situación en la que maximizan su crédito, entonces no hay más ingresos para compensar el costo. Digamos que nuestro inquilino potencial gana alrededor de $24,000 al año. Ese inquilino tiene 24.000 dólares de una línea de crédito. La mayoría de las tarjetas tienen un mínimo de $40 o un mínimo de 2%. Esto significa que si ellos maximizan su línea de crédito entonces el mínimo que ellos pagarían es de $480 por todo el año. Si ellos son clientes suyos y usted les cobra $1,000 mensuales, tienen mucho dinero para gastar en el pago de la tarjeta de crédito y luego en el pago de las finanzas. Esto es porque es una tarjeta de crédito. Sin embargo, el interés juega un papel divertido en esto.

Digamos que la tasa de interés en esta línea de crédito es del 5%, un muy buen 5% saludable (no realista). Eso es un extra de $100 al mes además de $40 al mes. Ahora, no importa si divides eso entre varias cartas. Sin embargo, si el titular de la tarjeta solo paga el mínimo, entonces eso es realmente $60 al mes. Eso significa que pagarán su tarjeta en 400 meses contra 171. Por lo tanto, 33 años frente a 17 años de deuda.

El interés diferido es el error sucio que tiene Care Credit. Es más probable que el interés diferido sea el 30% del saldo original en el que se encuentra el pago diferido. Entonces, digamos que algo horrible sucedió y el interés diferido está en los 24.000 dólares. Una persona que va a tardar 33 años en pagar el saldo regular no es rival para pagar $24,000 en un solo año, y mucho menos $31,200 cuando ese interés llega. Su cuenta anual sube a $624 con un interés de $1,560. Si ganan 24.000 dólares, nunca saldrán de la deuda.

Antes de llegar a la deuda diferida, el cliente tenía la posibilidad de pagar la deuda. Una vez que la cláusula especial de *Care Credit* llegó, el cliente ya no tenía la capacidad de pagar su deuda. Esto llevaría a la bancarrota y usted quedaría fuera del dinero que financió. Por lo tanto, prestar atención a los **tipos de** línea de crédito que tienen es muy importante. Es una molestia hacer esto todo el tiempo, pero, con la Inteligencia Artificial, usted puede predefinir las tarifas. Usted puede evitar esta molestia y la Inteligencia Artificial solo le dirá el riesgo del cliente que está viendo.

Inversiones futuras previstas

Otro truco que usted puede hacer que es muy similar a un test de personalidad es determinado por sus futuras inversiones. Digamos que usted podría estar financiando a un estudiante universitario. Una inversión futura sería el tipo de trabajo para el que el estudiante universitario va a ir a la universidad. Por lo tanto, usted puede hacer que la inteligencia artificial investigue la tasa de éxito de ese trabajo y grado. Por lo tanto, si un estudiante universitario está entrando en ciencias de la computación y están buscando convertirse en un desarrollador web, usted puede ver la tasa de contratación de desarrolladores web. Más importante aún, usted puede ver la tasa de contratación de ese trabajo para el área de la casa que está financiando.

Desde su desarrollo web, las probabilidades de que encuentren trabajo son altas. Esto significa que recibirán un pago más alto y podrán pagar lo que usted les financia mucho más rápido. Por otro lado, si tomaran un curso de estudios de género, este sería un asunto diferente. Los estudios de género no tienen un puntaje de trabajo fantástico cuando se trata de una tasa de contratación. Mientras que la generación actual de estudiantes universitarios puede pensar que tal trabajo es importante, no hay muchos papeles de trabajo que esas personas puedan desempeñar. Esto significa que a menudo se encontrarán sin trabajo. Esto también significa que son una inversión de riesgo. Sin embargo, este tipo de cosas tiene que ser manejado por la inteligencia artificial.

Las tasas de empleo cambian mucho. Por ejemplo, con el desarrollo web, el desarrollo de frontales estaba explotando hace casi dos años. Ahora, usted encontrará que la mayoría de las compañías que buscan el desarrollo de *front-end* están en las ciudades más grandes. Esto se debe a que mucha gente se apresuró a cumplir este papel. Asimismo, la tasa de empleo se redujo significativamente. Esta es solo una industria con un tipo específico de trabajo. Si piensas en todas las industrias que existen y en sus trabajos específicos, empiezas a entender por qué necesitas inteligencia artificial. Un solo ser humano simplemente no puede pasar por todos esos trabajos diferentes y mantener una tasa de empleo consistente disponible para la comparación. En su lugar, un solo humano lo haría en un promedio por base. Por lo tanto, se perdería tiempo cada vez que un cliente buscara financiación. Por lo tanto, la inteligencia artificial, que puede hacerlo todo el tiempo y mucho más rápido que los humanos, es perfecta para este tipo de trabajo.

Ofrecer trayectorias como ayuda

De la misma manera, usted puede ofrecer ayuda para pasar por diferentes industrias de trabajo. Si una persona está buscando financiamiento, generalmente lo hace porque no puede manejar el costo inicial. Esto significa que su trabajo no apoya adecuadamente lo que quieren financiar. Sabiendo esto, muchas compañías todavía financian a sus clientes. Esto se debe a que, por lo general, la financiación es solo para superar el precio de entrar en un lugar. Una vez que están en ese lugar, tienden a hacerlo muy bien. El problema viene cuando usted quiere que paguen ese financiamiento más rápido.

Usted siempre quiere que las personas ambiciosas sean el objetivo de su financiación. Una persona ambiciosa tratará de conseguir el trabajo mejor pagado que pueda cuando pueda. Por lo tanto, si usted tiene un diseño de inteligencia artificial para encontrar los trabajos más rentables, puede entonces atraerlos para un futuro mejor. Si una persona niega este tipo de oferta, significa que está más cómoda donde está y no es ambiciosa. Eso significa que, si son despedidos, es poco probable que puedan adaptarse rápidamente a otro trabajo. Eso significa que, si algo le sucede a su fuente de pago, es muy probable que no puedan terminar de pagar lo que deben. He conocido a varias personas que pueden pagar sus cuentas trabajando en McDonald's, que se quejan constantemente de que nunca tienen dinero y, sin embargo, veo muchas oportunidades de trabajo que podrían llenar sus bolsillos y que no les molestan. Años después, mientras escribo este libro, todavía los veo en sus mismos trabajos. Todavía deben dinero y todavía se quejan, pero su nivel de pago no ha cambiado realmente. Básicamente, están atrapados en esa posición porque se sienten cómodos en ella. Usted quiere evitar este tipo de personas porque este tipo de personas, cuando pierden su trabajo, no van a ser capaces de hacer la transición fácilmente a otro. Esto se debe a que no se molestan en aprender nuevas habilidades como resultado de estar cómodos.

Concienciación de la situación

Compensación por discapacidad

La conciencia de la situación es importante cuando usted está considerando financiar a alguien. A veces, usted se encuentra con algunos escenarios únicos que lo benefician a usted y a su cliente. Alguien está buscando comprar bienes raíces, pero aún no cumplen con los requisitos. Esencialmente, no tienen el dinero para hacerlo. Sin embargo, tienen una habilidad única que los diferencia de los demás.

Por ejemplo, si una persona está discapacitada, puede recibir dinero por estarlo. Normalmente, la persona que está incapacitada recibirá un cheque de pago mensual de la oficina del Seguro Social. Esto representa un ingreso estable que no es probable que desaparezca. En algunos casos, el tipo de trabajo que realiza esta persona podría clasificarse como un pasatiempo. Usted puede ganar dinero de un pasatiempo y acumular la discapacidad en ciertas situaciones.

A usted se le cobran muchos más impuestos por sus pasatiempos que por su trabajo regular. Sin embargo, un pasatiempo puede clasificarse como un ingreso no dependiente. Por lo tanto, alguien puede ganar cerca de $24,000 al año de un pasatiempo y aun así cobrar la discapacidad. Es una situación muy interesante de la que se aprovechan muy pocas personas y aún menos personas de las que dispongo. Sin embargo, si usted tiene inteligencia artificial en busca de este tipo de personas, entonces usted puede tomar ventaja de eso. Puesto que las normas están establecidas por la legislación fiscal, esto significa que se dispone de una definición de la clase de persona que se ajustaría a ese escenario.

Esencialmente, la ley de impuestos define qué máquina de aprendizaje necesita para aprovechar este tipo de personas. Ahora, también es importante entender que aceptar a este tipo de personas puede significar que mueran y que no te paguen. Sin embargo, si usted está buscando invertir en una pareja de jubilados, es muy probable que se mantengan sanos. En esta situación, es posible que incluso pueda aprovechar la financiación del propietario.

Ayuda con el bono de la primera casa

También puede utilizar la inteligencia artificial para encontrar compradores de una primera vivienda. En los Estados Unidos, muchos estados permiten el primer incentivo para el hogar. Este incentivo fue utilizado para aumentar el número de adultos jóvenes que compran casa. En otras palabras, se pretendía aumentar la cantidad de ingresos fiscales que el Estado podía reclamar. Sin embargo, muchos adultos jóvenes ni siquiera saben que esta ley existe. De hecho, muchos jóvenes adultos alquilan casas o departamentos durante la mayor parte de sus vidas. Esto se debe a que tienden a no saber nada más y no se dan cuenta de lo barato que puede ser poseer una casa.

Sin embargo, el hecho de que usted tenga el primer incentivo en el hogar no significa que todos los adultos jóvenes sean elegibles para recibirlo. Hay requisitos que un adulto joven debe cumplir para poder comprar una casa usando el primer incentivo de casa. Esta es una tarea repetitiva que puede ser manejada por la inteligencia artificial. Dado que ya existen reglas, define lo que necesita el algoritmo de aprendizaje de la máquina para detectar.

Incentivando las Mejoras en el Hogar

A veces tiene clientes que no pueden pagar el precio promedio. Digamos que usted tiene una familia que recibe beneficios del estado. En otras palabras, todos ganan alrededor de $3,000 al mes. Esto sería aproximadamente $1,500 al mes para cada uno de ellos. Esto los calificaría en la mayoría de los estados como si estuvieran por debajo del nivel de pobreza. Ahora, digamos también que usted tiene una casa que no está en la mejor de las condiciones. Si la familia está tratando de obtener la cuenta mensual más baja, usted puede usar la inteligencia artificial para detectar eso. Lo más probable es que estén tratando de ir tras casas de bajo costo. La inteligencia artificial podría preguntarles cuáles son sus ingresos, cuánto quieren pagar y si están recibiendo asistencia.

Los contratistas pueden ser bastante caros, pero usted no necesita contratistas a menos que esté haciendo un trabajo especializado. Si estás haciendo algo eléctrico, necesitas un contratista. Sin embargo, si solo estás reparando lo que hay allí, puede ser manejado por una persona dispuesta a ver YouTube. Por lo tanto, la inteligencia artificial puede empezar a preguntar sobre las habilidades que podrían tener. Por lo tanto, si tienen una comprensión de cómo poner abajo del azulejo y hay muchos de azulejos agrietados, eso es una prima. Como puedes ver, esto podría ser para casi todas las habilidades. Esto le proporciona una situación en la que usted no les cobra tanto por la financiación a cambio de mejorar la casa. Esto sería ideal para los vendedores que acaban de adquirir una casa y la gente está buscando comprarla. Usted no tiene que renunciar a su casa de inmediato porque ellos entrarán en un contrato en el que el propietario los financiará, pero si alguna vez incumplen o se vuelven incapaces de pagar, entonces usted puede volver a obtener la casa con mejoras.

Usted podría hacer esto por algunas razones. Es demasiado costoso para usted hacer la reparación, es probable que terminen devolviéndole la casa, o que no

haya podido venderla por mucho tiempo.

Conclusión

La Inteligencia Artificial sustituye a las tareas repetitivas

La inteligencia artificial se puede utilizar para varias cosas, pero se utiliza principalmente para tareas repetitivas. Cosas como la presentación de documentos, hacer impuestos, encontrar casas, investigar vecindarios, y todo esto puede ser hecho por la inteligencia artificial. Cuando usted ahorra tiempo en cosas que no hacen dinero, usted es elegible para usar ese tiempo en cosas que sí hacen dinero.

Sin embargo, eso no es todo lo que la inteligencia artificial puede hacer. Con la inteligencia artificial, usted puede tener un canal de atención al cliente que podría no haber tenido antes. Este canal de atención al cliente le ayudará a ahorrar tiempo al responder a las preguntas de los clientes.

Es bastante fácil construir la inteligencia artificial porque la inteligencia artificial es simple. La inteligencia artificial es una combinación de opciones binarias. En otras palabras, si puedes dividir un problema en respuestas de sí o no, puedes usar inteligencia artificial en él. Esto significa que puede manejar gran parte del trabajo.

Sin embargo, eso no significa que pueda manejar todo el trabajo. Por ejemplo, escribir este libro no puede hacerse con inteligencia artificial. La razón por la que no se puede hacer es la narrativa. **Es posible que haya oído hablar de una inteligencia artificial que fue vendida como una reescritura de artículos. Específicamente, compañías como BuzzFeed produjeron inteligencia artificial para** escribir artículos. Más bien, usaron inteligencia artificial para encontrar artículos de tendencia.

Si usa inteligencia artificial para hablar con otros humanos, no podrá entender el contexto. La narrativa impulsa una historia, va de A a B y, por lo tanto, necesita contexto. La forma en que los humanos aprendemos es que aprendemos el primer elemento y luego construimos sobre el primer elemento que aprendemos. La manera en que una red neuronal aprende es haciendo un patrón combinatorio de decisiones que son optimizadas. Por lo tanto, los humanos y las redes neuronales aprenden de manera muy diferente.

Hay cierta similitud con los humanos y las redes neuronales porque para expandir nuestro conocimiento, debemos tomar decisiones. De hecho, un patrón combinatorio de decisiones es cómo los humanos practicamos lo que aprendemos. Las reglas se definen con anticipación, tomamos decisiones basadas en esas reglas y luego alguien más nos corrige. Esto es muy similar a cómo funciona una red neuronal, pero tenemos una ventaja lingüística.

La ventaja lingüística nos permite traducir instantáneamente las entradas al contexto y viceversa. La inteligencia artificial necesita que los seres humanos traduzcan el contexto en entrada y salida en contexto. Hasta que la inteligencia artificial no pueda traducir el contexto por sí sola y convertir el resultado en contexto, no puede hacer un trabajo como este. Nuestro lenguaje, por defecto, es un lenguaje narrativo. Es un lenguaje descriptivo mientras que el lenguaje de aprendizaje automático es un lenguaje numérico.

Esta es la razón principal por la que los humanos han avanzado tan rápidamente que podemos crear asociaciones por defecto. **Las máquinas deben saber qué** asociaciones deben hacerse. Les contamos a estas máquinas cómo se pueden hacer las asociaciones con las matemáticas. A veces las matemáticas son simples, a veces las matemáticas están al nivel de la física cuántica. Sin embargo, en todos los casos, los humanos deben traducir el contexto desde un punto de vista lingüístico a un punto de vista numérico.

Esto tiene sus desventajas y sus ventajas. Por el lado positivo, siempre y cuando podamos traducir el contexto al lenguaje numérico, el aprendizaje automático puede hacer el trabajo por nosotros. La desventaja es que hay algunas cosas que las máquinas simplemente nunca entenderán. Esto significa que hay algunos trabajos que son verdaderamente irremplazables por la inteligencia artificial. Específicamente, el trabajo que requiere invención es el más impermeable a la inteligencia artificial.

Hace mucho tiempo se pensó que, si podíamos crear inteligencia artificial, esa inteligencia artificial avanzaría. En otras palabras, la inteligencia artificial podría crear nuevas matemáticas. El problema es que las matemáticas casi siempre provienen de la curiosidad. La curiosidad por la luz, la gravedad, la física y todo el lote utiliza un evento contextual que no es numérico. Sí, la inteligencia artificial puede llegar a ser muy avanzada. Sin embargo, no puede perseguir la curiosidad. Todavía tenemos que definir la curiosidad en términos numéricos. Una vez que logramos definir la curiosidad en el lenguaje numérico, es cuando existirá la Inteligencia Artificial General. Es entonces cuando todos los puestos de trabajo serán reemplazables.

Bono de seguridad con Inteligencia Artificial

La inteligencia artificial es muy buena para manejar múltiples cosas a la vez. Siempre y cuando se pueda definir lo que se supone que debe suceder y lo que no se supone que debe suceder, generalmente se puede asegurar un lugar muy fácilmente con la inteligencia artificial.

El primer elemento de seguridad que se puede garantizar con la inteligencia artificial son los daños materiales. Ya sea causada por el inquilino, una fuerza externa o un problema en los servicios públicos, la inteligencia artificial puede detectarlo. La inteligencia artificial no solo puede detectar un problema, sino que también puede identificar lo que está ocurriendo y avisar a los propietarios. Por lo tanto, si un inquilino ha roto algo, la inteligencia artificial puede identificar una rareza. Si alguien ha entrado en la casa, tanto el inquilino como el propietario pueden ser notificados.

Esto permite la oportunidad de que el inquilino informe al propietario de que no llame a la policía. El inquilino o el propietario pueden llamar a la policía si es necesario. La alarma no tiene que sonar para toda la casa mientras la policía está en camino. De hecho, se podría decir que una alarma suena en el dormitorio debido a algo como *Amazon Echo*. Por último, los servicios públicos dentro de una casa pueden tener los sensores de Internet de las cosas en ellos para evitar que los problemas se produzcan en cascada. Usted puede detectar humedad anormal, umbrales de presión aumentados o disminuidos, e incluso la cantidad de veces que la casa necesita ser limpiada. **Esto evitará daños por agua y posibles hogares infestados de insectos.**

El segundo elemento de la seguridad es responsabilizar a las personas por lo que ha ocurrido. A menudo se acusa a los trabajadores de mantenimiento de robar en las casas de la gente. Sin embargo, es muy difícil probarlo a menos que el lugar en el que viven tenga cámaras. Incluso entonces, no siempre proporciona la capacidad de determinar quién es ese trabajador de mantenimiento en las imágenes de vídeo. La inteligencia artificial puede asociar la llave del operario de mantenimiento, ya sea un chip RFID o el reconocimiento facial, con las imágenes de vídeo. Esto significa que el incidente puede ser registrado para que coincida con la franja horaria.

El método promedio para determinar si un trabajador de mantenimiento robó a un residente es tedioso. Primero, el residente presenta una queja y luego potencialmente llama a la policía. Luego, el equipo de seguridad revisa las grabaciones durante toda la semana, potencialmente, para averiguar si alguien entró en esa residencia. Esto significa que el residente debe esperar una cantidad ridícula de tiempo antes de encontrar al criminal. Para entonces, el criminal habría vendido lo que sea que robaron. La única evidencia que dice que se llevaron algo sería un video. **Con inteligencia artificial, se puede registrar el tiempo que el trabajador de** mantenimiento entró y salió. La inteligencia artificial segregaría las imágenes de video por habitación. Luego, la seguridad buscaría en la habitación donde fue robada y tal vez revisaría una hora y media del metraje. Digo una hora y media con 30 minutos para cada sesión de limpieza tres veces por semana. Para cuando terminaran, la seguridad estaría atrapando al criminal una hora y media después de que el residente descubriera que algo había sido robado. En ese período de tiempo, sería muy difícil para el criminal vender el artículo.

Otra circunstancia extraña pero muy factible es asegurarse de que la gente está haciendo su trabajo. La forma más común de que un lugar de trabajo lleve un registro de si una persona está haciendo su trabajo o no es con una lista de verificación en una pizarra. La gente finge esto todo el tiempo, pero la inteligencia artificial puede hacer algo más. Si una persona de mantenimiento usa su llave, entonces la inteligencia artificial puede empezar a evaluar el trabajo de esa persona. La inteligencia artificial ha memorizado los movimientos necesarios para hacer trabajos específicos como desempolvar o barrer. De esta manera, la inteligencia artificial podría hacer una lista de comprobación que se borraría de la cámara de la cocina. Además, la cocina puede estar unida al comedor, pero la diferencia en el suelo permite que la inteligencia artificial la segregue en diferentes habitaciones. Esto sería mucho más efectivo que una lista de control. También se aseguraría de que el trabajo se haga correctamente y de que se grabe el metraje. Esto podría demostrar que el trabajador de mantenimiento está equivocado o atrapado cuando la inteligencia artificial comete un error.

El tercer elemento es un anuncio. A la gente le gusta saber que viven en un vecindario seguro y en una casa segura. De hecho, algunas personas necesitan seguridad para sus trabajos, así que a pesar de que alquilan, terminan instalando un sistema de seguridad. Tener seguridad adicional con el respaldo de la inteligencia artificial se convierte en un gran punto de venta para bienes raíces. Puede justificar la duplicación de una etiqueta de precio para el alquiler o aumentar el valor inmobiliario en un tercio del precio.

Si usted toma todo lo que acabo de mencionar y lo incluye con una casa de alquiler o una casa comunitaria, sirve como su propio anuncio. Sabiendo que las cosas de la gente están seguras mientras están fuera y sabiendo que es difícil entrar en la casa, la gente se sentirá atraída solo por estos dos hechos. Si una persona compra un televisor de 70 pulgadas, no quiere pensar que será robado. Si una persona compra el equipo de juego más nuevo de $2,000, no quiere pensar que un trabajador de mantenimiento entrará y lo levantará. Entender esto le permite hacer publicidad a personas con bolsillos más grandes que están dispuestas a gastar mucho dinero. La parte irónica es que tal inversión no suele ser tan alta. Las cámaras pueden costar entre $50 y $100 cada una. La computadora que controla la inteligencia artificial puede terminar siendo una inversión de $ 10,000. Sin embargo, si usted vive en un complejo de 50 apartamentos y usa una tarifa de seguridad de $1000, está buscando $5,000 al mes. En un año, debido a que probablemente hizo una inversión de $30,000 por seguridad, está ganando casi $60,000 al año. Es una inversión relativamente baja que lo beneficia significativamente y justifica un precio más alto.

Mejor precio con Inteligencia Artificial

También tiene el beneficio adicional de una mejor relación de precios con la inteligencia artificial. No solo eso, sino que es mejor precio con la compra y venta. Esto se debe a que la inteligencia artificial puede utilizarse de la misma manera con ligeras diferencias.

Al comprar una casa nueva, usted tiende a prestar atención a bastantes detalles. Estos detalles vienen en forma de una lista de verificación mental de los artículos que usted prefiere sobre los que detesta. Por lo tanto, si usted es el tipo de comprador que busca casas que están en mal estado pero que solo tienen problemas cosméticos, podría detestar una lista que dice que el agua necesita ser instalada. En algunas ciudades, a menudo se requiere que los bienes raíces tengan tuberías de agua que conducen al agua de la ciudad. Esto es forzado a los residentes de la ciudad y por lo general cuesta entre $20,000 y $40,000. Este es un costo que usted básicamente debe absorber por adelantado hasta que pueda vender la casa, lo cual a veces no es lo ideal. Por lo tanto, mientras que usted puede buscar casas que están en una forma peor para el desgaste, eso no significa necesariamente que usted quiere una tripa de la casa aparte.

Por otro lado, la inteligencia artificial puede ayudar cuando se trata de vender. Usted busca las mismas cosas sobre la compra de una casa que sobre la venta de una casa. Buscas la calidad de la escuela. Buscas estadísticas de crímenes. Usted busca el ingreso promedio. Se busca el coste real de los materiales. Estas son todas las cosas estándar que usted busca cuando está tratando de comprar una casa o vender una casa. En términos de comprar una casa, desea buscar estas cosas porque significa que es probable que la casa valga más. Por lo tanto, si puede obtener una casa a buen precio en un buen vecindario con bajo índice de criminalidad, puede entregarla por mucho dinero. Del mismo modo, cuando vas a vender una casa, estas son las cosas que anuncias.

Ahora, usted puede ser nuevo en la industria de bienes raíces y puede estar buscando inteligencia artificial para ganar más dinero. Si esto es cierto, es probable que te preguntes por qué digo que buscas estas cosas cuando estás vendiendo. Cuando se arregla una casa, se necesita tiempo para que se arregle. Por lo general, si usted va a encontrar una casa que es de aproximadamente $90,000, compre en un vecindario de casas donde la casa promedio es de más de $200,000, usted va a pasar mucho tiempo allí. En un solo año, una escuela de alta calidad se convierte en una escuela de calidad media. También puede ver que las estadísticas sobre la delincuencia aumentan si se aprueba una nueva ley o si entra en vigor un determinado mercado comercial. De la misma manera, aquellos en el vecindario podrían haberse mudado fuera del vecindario. Por lo tanto, tiene sentido hacer una repetición de la investigación que hizo antes para obtener un valor estimado real de la casa que está tratando de vender.

Dado que las variables son las mismas pero el resultado es una intención diferente, la inteligencia artificial se puede hacer para manejar parte de ella. La inteligencia artificial se puede hacer para juzgar el valor de una casa basado en los factores que usted investiga. Si usted está comprando una casa, puede hacer que la salida le diga si vale la pena comprar la casa. Si usted está vendiendo una casa, puede hacer que la salida le diga si el precio por el que desea venderla es razonable. Puesto que la inteligencia artificial es la programación, usted no tiene que tener dos del mismo proceso para obtener dos resultados diferentes. En cambio, puede tener el mismo proceso, pero, al final o cerca del final del código, puede configurar los diferentes casos para comprar y vender. Esto se debe a que la programación es modular y los componentes pueden reutilizarse.

Acepta la Inteligencia Artificial

La inteligencia artificial no es nueva, pero la forma en que se utiliza es nueva. Usted podría preguntarse si va a reemplazarlo como agente de bienes raíces. Usted podría incluso preguntarse si la compra y venta de casas se convertirá en inteligencia artificial solamente. La verdad es que no puedes escapar. Incluso si usted no quiere utilizar la inteligencia artificial, los agentes de bienes raíces de su competencia lo harán. Esto significa que, en última instancia, todo lo que puedes hacer es unirte al bando que utiliza la inteligencia artificial.

La inteligencia artificial no da tanto miedo. Es simplemente una cuestión de sí o no. Si una casa está en un área con dos escuelas, así es como la inteligencia artificial va a mirarla. Va a ejecutar un algoritmo de búsqueda que determina cuántas escuelas están dentro de un radio de una milla determinada. Va a preguntar qué grado de letra le ha dado el estado a la escuela. Si la calificación de la letra es superior a un valor preestablecido, entonces pasa un estado de sí a la siguiente variable. Mientras ese nodo neural hace eso, otro nodo neural está mirando a otra escuela y envía un sí o un no. Lo que el nodo neural envía normalmente es un uno para sí y un cero para no. Si el siguiente nodo neural en la cadena después de esos dos nodos neurales está recibiendo un sí y un no, el resultado final es un 0,5. Si lo combinas con la cantidad de escuelas que hay en el área, puedes terminar con un 0.3 o un 0.6 o incluso un 0.9. En última instancia, mira a través y solo agrega las puntuaciones juntas para darle una puntuación global media. Este puntaje global determina la calidad de las escuelas en esa área.

Como puede ver, en realidad no es tan difícil y eso es porque lo que está viendo no es tan complejo. Si está buscando comprar una casa, mira las estadísticas de delitos y la calidad de la escuela o si algo existe en un área. La calidad de la escuela a menudo está determinada por las calificaciones de las letras y las estadísticas de delitos ya están numeradas. Por lo tanto, todo lo que usted hace como agente de bienes raíces es mirar el número para ver qué tan alto es para las estadísticas de crimen. De hecho, haces lo mismo con las escuelas. La única diferencia es que, con las escuelas, estás buscando un número más alto. Mientras tanto, con las estadísticas de criminalidad, estás buscando un número más bajo. Esto significa que el cálculo medio que se debe hacer es simplista y repetitivo, lo que significa que la inteligencia artificial puede hacerlo. Como puedes ver, no es como si estuvieras lidiando con una máquina de pensar y respirar. Usted está tratando con una calculadora muy elegante y honestamente no hay razón para temerle a una calculadora. Con el tiempo, podríamos crear algo conocido como IA general y eso es algo que hay que tener en cuenta, pero no una calculadora. Por lo tanto, usted puede adoptar la inteligencia artificial y hacerla parte de su flujo de trabajo o puede retirarse cuando es parte del flujo de trabajo de todos los demás. La elección depende de usted.